미래를 향한 도전,
스타트업

미래를 향한 도전, 스타트업

초판 1쇄 발행   2024년 10월 25일

글쓴이   임성준

편집   이용혁
디자인   이재호

펴낸이   이경민
펴낸곳   ㈜동아엠앤비
출판등록   2014년 3월 28일(제25100-2014-000025호)
주소   (03972) 서울특별시 마포구 월드컵북로22길 21, 2층
홈페이지   www.dongamnb.com
전화   (편집) 02-392-6901   (마케팅) 02-392-6900
팩스   02-392-6902
SNS   f ⊚ 💬
전자우편   damnb0401@naver.com

ISBN   979-11-6363-894-0 (43320)

10대부터 준비하는 창업의 모든 것

미래를 향한 도전, 스타트업

임성준 지음

창업 자체가 아니라 과정을 통해 역량과 창의성을 갈고 닦는 것이 청소년 스타트업 교육의 목적이다. 이 책을 통해 참된 기업가정신을 배양하자.
— 한국외국어대학교 AI 교육원 교수 오세종

동아엠앤비

　청소년 스타트업 교육은 단순히 창업을 목표에 맞추는 것이 아니라 그 과정을 교육하는 것이 무엇보다 중요하다. 창업 준비와 구상을 통해 본인의 역량과 창의성을 갈고 닦을 수 있기 때문이다. 국내 굴지의 창업 전문가가 들려주는 창업 준비와 현장의 생생한 묘사를 통해 청소년들이 참된 기업가정신을 배양하기를 바란다.

•한국외국어대학교 AI교육원 교수 오세종

　창업이 노후 준비를 위한 선택이 아니라 필수로 다가옴에 따라 이제는 어린 시절부터 대통령이네 과학자네 하는 뜬구름 잡는 장래희망이 아니라 견실한 미래 계획을 세워야만 하는 세상이 되었다. 이 책은 지금 이 시대를 살아가는 청소년들을 위한 창업의 모든 것을 알려주는 최고의 필독서이다.

•서한인베스트먼트 대표 전영훈

미래의 사장님을 꿈꾸는
청소년들에게

    2020년에 배우 수지와 남주혁을 주인공으로 한 '스타트업'이라는 드라마가 방영되면서 많은 사람이 스타트업이라는 단어에 관심을 두게 되었습니다. 물론 산업계에서는 이미 수년 전부터 여러 창업자가 뛰어난 기술력과 열정으로 회사를 창업하면서 스타트업 러시가 일어나고 있었지만 일반 대중들, 특히 청소년들까지 스타트업과 창업에 관심을 갖게 된 것은 미디어의 영향이 큰 듯합니다. 당시 중학생이었던 저의 아이들도 드라마를 너무 좋아해서 스타트업 용어를 설명해 주면서 한 회도 빠지지 않고 함께 봤던 기억이 납니다.

    스타트업은 미디어뿐만 아니라 이미 우리의 일상생활 속에 깊이 자리 잡고 있습니다. 스타트업이라고 말하기엔 이미 너무 커버린 배달의민족, 쿠팡, 직방, 토스, 마켓컬리, 당근마켓과 같은 회사가 없는 일상을 한번 상상해 보세요. 생각만 해도 답답하지 않으신가요? 만약 팬데믹 시기에 음식을 시켜 먹을 수도 없고, 온라인 쇼핑을 할 수 없었다면 우리는 아마도 엄청난 혼란을 겪었을 것입니다. 이렇듯 스타트업이 만들어내는 가치는 우리의 삶에 필수적인 요소로 자리 잡고 있습니다.

사실 애플, 구글, 아마존, 우버, 인스타그램, 네이버, 카카오와 같은 기업들도 스타트업이었습니다. 참신한 아이디어와 혁신적인 기술로 두세 명이 시작한 작은 스타트업은 이제 전 세계에 지사가 있고 수천, 수만 명이 근무하는 거대한 빅테크 기업들이 되었습니다.

이 책은 청소년들이 스타트업에 대해 쉽게 이해할 수 있는 데 초점을 두고 집필하였으나 주제의 특성상 전문 용어나 실제 비즈니스 현장의 얘기를 수록하고 있기 때문에, 스타트업에 관심 있는 학부모님들이나 일반 성인들에게도 추천합니다. 초반부에는 스타트업이 무엇인지 용어나 개념, 역사 등에 대해 말씀드리고 점차 실제로 팀원을 모으고 회사를 만들며 성장시키기 위한 다양한 방법과 투자유치와 엑싯(Exit) 전략 등에 대해 정리하였습니다.

이 책에서는 창업은 좋은 것이니 무조건 해야 한다고 부추기지도 않고 반대로 창업은 위험한 것이기 때문에 안정된 직장을 구하라고 말하지도 않습니다. 창업에 대해 뜬구름 잡는 이야기가 아니라 보다 사실적이고 현실적이며 살아있는 이야기와 정보를 제공함으로써 가치중립적이고 객관적인 판단을 할 수 있도록 노력하였으니 그 어떤 편견 없이 창업에 대해 새롭게 생각해 보는 계기가 되길 바랍니다.

　부디 이 책을 통해 청소년들이 창업이나 스타트업에 대해 왜곡
되거나 편향된 시각을 갖지 않고 나중에 창업을 할 경우 실패를
줄이고 세상에 없던 새로운 가치를 만들어내는 데 조금이라도 도
움이 되길 바랍니다.

• 임성준

차례

START UP

창업이
무엇인가요?

01 | 스타트업이란?

　스타트업은 신생 창업기업을 뜻하는 말로 미국 실리콘밸리에서 처음 사용되었다. 보통 두 세명의 공동창업자들이 모여 고객의 문제를 해결하기 위해 혁신적인 기술과 아이디어로 창업을 하고 성과를 만들어 투자를 받고 성장해가는 회사를 말한다. 스타트업은 산업과 업종에 대한 제한은 없으나 일반적으로 기술 기반의 회사를 통칭한다. 또한 극심한 불확실성 속에서 신규 제품이나 서비스를 만들기 위한 조직, 가설을 검증하기 위한 임시조직을 뜻하기도 한다. 그래서 자영업(식당, 카페와 같은 소상공인)을 하는 개인사업자들에게는 스타트업이라는 말을 잘 쓰지 않는다. 스타트업은 첨단 기술이나 참신한 아이디어에 기반하여 설립되어 고위험, 고수익, 고성장을 목표하는 기업 형태로서 일반적으로 자기 자본이나 엔젤투자자의 시드투자를 받아 사업을 시작한다. 일반적인 기업과는 달리 폭발적인 성장을 목표로 하며 빠르게 실행하는 것이 가능하지만 그만큼 위험도 크다는 특징이 있다.

지금은 미디어에서 스타트업이라는 말을 많이 쓰지만 예전에는 벤처기업이라는 용어를 사용했다. 그래서 정부기관이나 법률상으로는 여전히 신생 회사를 뜻하는 공식적인 용어로 '벤처기업'이라고 한다. 벤처기업협회에서는 벤처기업을 '개인 또는 소수의 창업인이 위험성은 크지만 성공할 경우 높은 기대수익이 예상되는 신기술과 아이디어를 독자적인 기반 위에서 사업화하려는 신생 중소기업'으로 정의하고 있다. 법률상으로 벤처기업은 다른 기업에 비해 기술성이나 성장성이 상대적으로 높아, 정부에서 지원할 필요가 있다고 인정하는 중소기업으로서 '벤처기업육성에 관한 특별조치법' 제2조의2제1항제2호에 따른 3가지 요건(벤처투자유형, 연구개발유형, 혁신성장유형·예비벤처기업)의 어느 하나에 해당하는 기업을 말한다.

스타트업, 중소기업, 대기업의 차이에 대해 궁금해하시는 사람들이 많은데 스타트업은 기존의 제품이나 서비스와는 새로운 아이디어와 차별화된 기술력으로 창업한 지 얼마 되지 않는 기업들을 말하고 중소기업은 업종마다 조금씩 차이는 있지만, 제조업 기준으로 근로자 수 300명 미만, 자본금 80억 원 이하인 회사를 말한다. 매출액은 보통 50억 원 이상부터 300억 원 이하가 중소기업의 범위이다. 대기업은 대한민국 법률규정 네 가지가 충족되어

◐ 다양한 한국 스타트업 회사들.

야 하는데 중소기업기본법이 규정하는 중소기업 규모보다 클 것,
중견기업성장촉진에 관한 법률에 해당사항이 없을 것, 자산 10조
원 이상이며 공정거래위원회가 지정하는 상호자제한기업집단에
소속되어 있는 회사일 것이다. 또한 금융업, 보험업은 종소기업기
본법상 규모를 벗어나면 상호출자제한기업집단이 아니어도 중견
기업 법령을 적용을 받지 않아 대기업으로 간주될 수 있다.

02 | 스타트업은 언제 생겼을까?

한국의 벤처기업은 1980년대에 시작되었다. 소위 벤처 1세대(기술 국산화 시대)라고 불리는 회사들이 이때 많이 창업하였다. 휴맥스, 비트컴퓨터, 다산네트웍스, 메디슨, 한글과컴퓨터 등이 대표적이다. 1990년대 중반에는 벤처창업 생태계가 조성되기 시작했고 1990년대 말에 벤처 2세대(인터넷, 게임 시대)라 불리는 인터넷을 기반으로 한 기업들이 탄생하기 시작했다. 네이버(1999년 창업), 다음(1995년 창업, 현재 카카오와 합병), 넥슨(1994년), 엔씨소프트(1997년), 한게임(1998년)과 같은 회사들이 이때 창업하였다. 전 세계적으로도 닷컴 기업들이 많이 탄생했지만, 한국에서는 1997년 IMF 외환 위기를 극복하기 위해 정부가 코스닥 시장과 중소기업 위주의 벤처기업 육성책을 쏟아내기 시작하면서 급격하게 벤처기업들이 나타나기 시작했다.

하지만 창업 열풍이 거세게 분만큼 부작용도 생기기 시작했다. 짧은 기간에 너무 많은 벤처기업이 우후죽순처럼 생겨났을뿐더러 벤처기업에 투자하여 대박을 냈다는 소문이 투자자들 사이에서 퍼지면서 막대한 자금이 몰리기 시작했다. 이른바 묻지마 투자가 성행한 것이다. 반면 일부 기업들이 거액의 투자를 받고도 혁신적인 기술이나 의미 있는 성과를 만들어내지 못하고 줄도산을 하면서 벤처 버블론과 반(反)벤처 정서도 조성되었다. 심지어 '무늬만 벤처'라는 말도 있었다. 서류만 잘 준비하면 정육점도 벤처기업으로 둔갑하던 시절이었다. 이때 골드뱅크, 아이러브스쿨, 프리챌, 싸이월드, 새롬기술과 같은 회사들이 상장 폐지를 당하거나 폐업을 하게 되었다.

사실 이런 사태는 이미 예견된 것이었다. 벤처 거품이 생기면서 금융시장이 투기장으로 변하기 시작했고 무늬만 벤처기업과 작전 세력들이 나타나면서 시장의 질서가 어지럽혀졌다. 일부 기업들이 투자금을 함부로 사용하는 등 도덕적 해이(모럴 해저드)가 발생했고, 반벤처 정서가 확산되면서 사회적 갈등을 초래하는 결과를 나타냈다. 결국 2001년 전 세계 IT 버블이 붕괴되면서 미국의 나스닥과 함께 한국의 코스닥도 속절없이 폭락했다. 정부는 '벤처 건전화'라는 미명하에 각종 규제정책을 쏟아냈으나 오히려 잘하고 있는 벤처기업들마저 위축시키는 결과를 초래했다. 결국 2000년대 초반 한국의 벤처산업은 빙하기로 접어들게 되었다. 투자자

◐ 혁신의 아이콘이었던 아이폰 발표 현장.

들은 벤처기업에 대한 투자를 줄이기 시작했고 더 이상 위험을 감수하며 모험을 하려는 벤처 정신이 사라지기 시작했다. 젊은이들은 벤처 창업에 대한 도전보다 안정된 직업을 선호하게 되었고 자연스럽게 대기업에 입사하거나 공무원이 되는 것이 안전하고 좋은 선택지가 되었다.

하지만 역사가 반복되듯이 2008년에 아이폰이 출시되고 모바일, SNS 혁명이 일어나면서 제2의 벤처 붐이 일어나게 되었다. 3세대 벤처(플랫폼 비즈니스 시대)의 대표적인 기업으로는 우아한형제들(배달의민족), 컬리(마켓컬리), 직방, 비바리퍼블리카(토스), 무신사 등이 있고 최근에는 인공지능, 빅데이터, 자율주행, 블록체인, IoT(사물인터넷) 등의 기술을 바탕으로 4차 산업혁명이 일어나면서 또 다른 스타 스타트업들이 탄생하고 있다.

03 | 국내 스타트업의 현황

중소벤처기업부에서 발표한 「2023년 벤처기업정밀실태조사」를 보면 국내 벤처기업의 수는 대략 3만 6천여 개 정도가 된다. 2022년 12월 말 기준 총 매출액은 약 210.7조 원으로 추정되며, 기업별 평균 매출액은 6,539백만 원, 평균 영업이익(매출에서 영업비용을 차감한 금액) 3,600만 원으로 나타났다. 벤처기업의 지분구조는 '창업자'의 지분이 64.3%로 가장 높고, 다음으로 '가족(10.2%)', '공동창업자 및 대표이사(7.5%)', '임직원(7.0%)', '개인투자자(5.4%)', '벤처캐피털 및 기관투자자(4.8%)', '엔젤 및 엑셀러레이터(0.9%)'의 순으로 조사되었다. 2022년 신규 자금을 조달한 벤처기업은 67.2%이고, 조달방법은 '간접금융(50.4%)', '공공지원(25.8%)', '직접금융(18.3%)' 순으로 나타났으며 신규 자금 조달 평균 누적 횟수는 3.4

[창업 당시 창업자 연령대]

[창업자 최종학력]

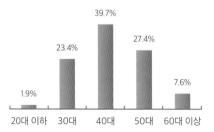

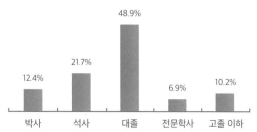

출처: 2023년 벤처기업정밀실태조사

회, 평균 조달액은 2,376백만 원으로 조사되었다.

벤처기업의 2022년 12월 말 총종사자 수는 약 80만 명으로 추정되며, 기업당 종사자 수는 평균 25.1명으로 전년 대비 7.7% 증가하였다. 대표이사 특성을 보면 남성이 91.2%이며, 연령대는 직장 경력이 많은 40대와 50대가 약 67% 정도를 차지하고 30대가 23.4%를 차지하고 있다. 창업자의 48.9%가 대학 졸업자이며 전공은 주로 '공학/엔지니어(58.6%)'이고, 창업 직전 근무지는 중소기업이나 벤처기업의 비율이 51.5%로 가장 높게 나타났다.

중소벤처기업부에서 발표한 국내 기업의 창업 후 생존율을 보면 1년 차가 65%, 3년 차가 42.6%, 5년 차가 29.2%이다. 쉽게 말하면 1년 안에 10개 기업 중 4개가 사라지고 5년이 지나면 7개가 폐업을 하는 것이다. 예상보다 기업의 생존율이 낮다고 생각하는 사람도 있겠지만 개인적으로 이 숫자조차 허수가 많다고 생각한다. 생존의 의미가 서류상으로 폐업만 안 했을 뿐 직원들 급여를 못 주는 회사, 성과 없이 정부지원금만으로 살아가는 회사, 비사업 목적으로 만들어진 유령회사들이 포함되어 있기 때문이다. 일부에서는 이런 회사를 좀비 기업이라고 표현하기도 한다. 한국은 IT 강국으로 알려져 있음에도 불구하고 OECD 평균 수치에 비해 상대적으로 매우 낮은 창업기업 생존율을 보이고 있다.

생존율이 낮은 데는 다양한 이유가 있을 것이다. 사업 아이템이 시장에서 작동하지 않거나 공동창업자 간의 불화, 명확한 비즈

창업기업 생존율

○── 한국   ○── OECD

(단위: %)

80.8 — 1년차
65.0 — 1년차
66.8 — 2년차
49.5 — 2년차
57.2 — 3년차
42.6 — 3년차
47.2 — 4년차
32.8 — 4년차
40.7 — 5년차
29.2 — 5년차

출처: 중소벤처기업부

니스 모델의 부재, 자금조달의 실패 등 기업의 성장 단계에 따라 수많은 변수와 리스크가 존재하기 때문이다. 하지만 이 모든 이유들 중에서 가장 근본적인 이유는 바로 많은 창업자들, 특히 청년들이 창업을 할 때 준비를 철저하게 하지 않았기 때문이다. 기술 기반의 스타트업이든 카페와 같은 자영업이든 성공하기 위해서는 많은 준비와 노력이 필요하다. 최고의 전문가들이 수개월 동안 밤잠을 안 자가며 철저하게 준비를 해도 성공을 장담하기 어려운 게 현실이다. 그러니 어설프게 준비하면 당연히 실패할 수밖에 없다. 준비되지 않은 창업은 안 하느니만 못하고 패가망신의 지름길이 될 수 있다. 게다가 창업은 본인만 잘못되는 것이 아니라 가족들에게까지 회복하기 어려운 피해를 줄 수 있기 때문에 더욱 신중하게 준비해야 한다.

⊛ 미국의 실리콘밸리는 왜 스타트업의 허브가 되었을까?

미국의 실리콘밸리는 애플, 구글, 페이스북, 우버, 에어비앤비와 같은 빅테크 기업들을 배출한 곳으로 유명하다. 전 세계에서 최대, 최고의 독보적인 스타트업 허브이자 비즈니스 트렌드의 중심지로 지금도 많은 스타트업들이 생겨나고 사라지고 이는 곳이기도 하다. 실제로 인터넷, 모바일, 클라우드, 인공지능, 자율주행 등 4차 산업혁명의 핵

○ 기술혁신의 상징이 된 실리콘밸리.

심 기술이 모두 실리콘밸리에서 등장하기도 했다.

실리콘밸리는 미국 샌프란시스코 남쪽의 산호세, 팔로알토 지역을 의미했으나 최근에는 샌프란시스코 전체를 지칭하는 말로 확대되어 사용되고 있다. 실리콘밸리 인구는 2021년 12월 기준 약 310만 명 수준으로 일자리 수는 약 170만 개이며 평균 연봉은 1억 7천만 원 수준인 것으로 조사되었다. 최근 미국의 전체적인 인구감소 추세에도 불구하고 실리콘밸리의 인구 유입과 일자리 수가 매년 증가하고 있다. 실리콘밸리의 대표적인 직업군에는 컴퓨터 하드웨어, 소프트웨어, 인터넷 서비스, 생명공학 등 첨단 산업 관련 일자리 수가 많으며 테크 산업의 일자리는 매년 증가하고 있다.

실리콘밸리가 이렇게 성공적인 스타트업들의 허브가 된 배경에는 탄탄한 산업기반, 풍부한 투자자본, 높은 기술 수준, 우수한 인력, 개방적인 문화 등 혁신적인 스타트업 성장의 원동력으로 작용하기 때문이다. 실리콘밸리의 거대 기업들은 작은 스타트업들에 투자를 하거나 인수를 함으로써 스타트업의 아이디어와 기술개발을 적극 지원하고 있다. 또한 미국 벤처캐피탈 투자의 절반 이상이 실리콘밸리에 집중되어 있을 정도로 창업자금이 풍부하고, 스탠퍼드, UC버클리 등 세계적인 경쟁력의 고등교육기관이 있어 우수 인력을 확보하는 데도 용이하다. 끝으로 실리콘밸리 주민의 38%가 외국 태생 이민자로 개방적이고 역동적인 문화를 보유함으로써 창의적인 혁신가의 비즈니스 확장에 도움을 주고 있다. 최근에는 중국의 베이징이나 상하이 등이 새로운 스타트업 허브로 빠르게 부상하고 있으며 중국 스타트업들의 약진으로 투자가 활성화되고 있다. 중국의 유니콘(비상장 회사 중 기업가치가 1조 원 이상인 기업) 수가 증가하면서 스타트업 투자유치액에서 미국을 추월하기도 했다.

04 | 창업을 왜 해야 할까?

창업을 해야하는 이유에는 여러 가지가 있을 수 있지만 가장 근본적인 이유는 돈을 벌기 위한 것이다. 물론 돈보다 환경이나 인권과 같은 사회적 가치에 중점을 두는 창업자들도 있지만 이들 역시 돈을 벌어야만 직원들에게 제때 급여를 주고 성장하며 기업을 유지할 수 있다. 이러한 기준에서 볼 때 창업을 준비해야 하는 이유는 '욕망'과 '노후준비'라는 2개의 키워드로 정리할 수 있다. 무엇을 가지거나 누리고자 하는 목적을 위해 많은 사람들이 돈을 벌고 싶은 욕망, 부자가 되고 싶은 욕망, 사회적 가치를 만들어내고 싶은 욕망 등을 이루고자 창업을 하며 사회 역시 이러한 사람들의 욕망에 의해 끊임없이 발전한다는 것이 필자의 생각이다.

방송에서 "돈을 좇지 마라. 좋아하는 일을 열심히 하다 보면

돈은 자연
스럽게 따라
오게 되어 있다."
라고 주장하는 사람들

◉ 금수저 논란은 자본주의 사회에서
필연적으로 발생하는 문제이다.

이 있는데 그 사람들도 결국 돈을 벌기
위해 창업을 했고 성공했기 때문에 방송에
나올 수 있다는 점을 명심해야 한다. 금수저, 흙수
저와 같은 수저 계급론에 대해 들어봤을 것이다. 요즘에
는 흙수저 아래에 스푼 자체가 없다는 '노스푼(No Spoon)'이라
는 표현까지 등장했다. 자본주의의 어두운 이면이기도 하다. 만약
본인이 흙수저인데 속칭 '상위 계급'으로 올라가고 싶다면, 또는
본인은 동수저로 태어났지만 내 자식은 최소 은수저 이상으로 만
들고 싶다면 창업밖에 답이 없다. 흙수저나 노스푼이라고 한탄하
지 말고 자신의 스푼을 직접 업그레이드해 보자.

노후 준비는 말 그대로 은퇴 이후의 삶, 정확히 말하면 회사
에서 퇴직을 하고 근로소득이 없을 때를 미리 대비하는 것을 말
한다. 미래에셋투자와연금센터가 발표한 「투자와연금 리포트 54
호」에 따르면 2021년 우리나라 직장인들이 퇴직하는 나이는 평균
49.3세라고 한다. 잡코리아나 인크루트 같은 잡포털 사이트에서
조사한 자료에도 대부분 50세 전후로 나와 있다. 반면 의학이 발
달하고 생활 수준이 높아지면서 사람들의 기대수명은 점점 늘어
나 2020년 기준으로 평균 83.5세가 되었다. 이론적으로 50세 전

후에 은퇴를 하게 되면 약 35년 정도를 더 살게 되는데 마땅한 소득이 없다면 매우 불편한 노후생활을 보내게 될 것이다.

국민연금을 받아서 살면 되지 않냐고 반문하는 사람도 있을 것이다. 국민연금을 받을 수 있는 나이는 원래 만 60세부터 받도록 설계되었는데 급격한 고령화에 따라 1998년에 법이 개정되어 1969년 이후에 태어난 사람들은 모두 만 65세부터 국민연금을 받게 된다. 그렇다면 50세에 퇴직을 하고 약 15년 정도를 뚜렷한 소득 없이 살게 될 가능성이 매우 높다는 가설이 생긴다. 참고로 한 금융기업에서 퇴직자들을 대상으로 조사한 결과에 따르면 생애 주된 직장(직업)에서 퇴직한 사람들이 국민연금 받는 시점까지 '소득 크레바스(Crevasse, 빙하의 표면에 생긴 깊게 갈라진 틈)' 기간은 평균 12.5년인 것으로 나타났다. 은퇴 후 당장 생활비 마련이 어렵다고 대답한 사람이 66%, 노후준비가 된 퇴직자는 8.2% 수준이라고 한다. 물론 퇴직 이후에 장사나 사업을 해서 성공적인 인생 2막을 영위하는 사람들도 있지만 제대로 준비가 안된 사람들은 평생 모아놓은 자금과 퇴직금까지 날리게 되어 심각한 노후빈곤 상태에 빠지기도 한다.

청소년 시기나 청년 시기에는 노후준비라는 말이 와닿지 않을 것이다. 아주 먼 얘기이기도 하고 아직은 막연하게 잘될 거라는 기대와 희망과 무엇보다 시간이 많기 때문이다. 하지만 그렇게 생각했던 많은 젊은 사람들이 노후준비 없이 노후를 맞닥뜨리게 되면서 힘든 시기를 보내고 있으니 여러분도 미리 준비를 해야 한다.

◉ 국민연금만으로는 노후준비가 부족해지는 시대가 다가오고 있다.

　　우리나라의 부모님 세대는 대체로 창업에 대해 부정적이다. 성
공 가능성이 낮고 위험하며 오래 걸리기 때문이다. 틀린 얘기는 아
니다. 게다가 집안에 사업으로 망한 사람이 한 명이라도 있으면
창업은 절대 해서는 안 되는 금기시되는 것으로 어렸을 때부터 교
육을 받아왔고 자식들에게도 그렇게 교육하는 경향이 강하다. 자
신의 아이들이 창업보다는 좋은 회사에 취업하거나 공무원이 되
길 바란다. 그게 가장 안전한 인생이라고 생각한다. 그러면서 마음
속에서는 아이러니하게도 자식들이 네이버의 이해진, 카카오의 김
범수, 엔씨소프트의 김택진처럼 되길 바라기도 한다. 하지만 앞서
서술한 바와 같이 시대에 변화하고 취업 환경이 바뀌면서 좋은 직

장이 꼭 안전한 길이 아니게 되었다는 것도 인정해야 한다.

직장 생활을 30년 정도 하면서 매달 2백만 원씩 저축을 한다고 가정해 보자. 물론 둘 다 쉬운 일은 아니다. 30년을 근무하는 것도 어려운 세상이 되었고 건강 문제, 자녀 문제, 학비 문제 등 다양한 변수들로 인해 매달 2백만 원씩 저축하는 것도 쉬운 일이 아니다. 어찌되었든 그렇게 매달 저금한다고 가정할 경우 전체 저축 금액은 7억 2천만 원이 된다. 참고로 한국부동산원에 따르면 2022년 4월 서울 아파트 평균 매매 가격은 11억 5,041만 원이다. 평생을 직장에 다녀도 자기 힘으로 서울에 집 한 채 사기 어려운 것이 현실이다. 다소 우울한 얘기일 수 있지만 우리는 현실을 직시해야 한다.

과거에는 돈에 대해 솔직하게 얘기하고 돈을 좋아하는 사람들을 속물 취급하거나 돈을 너무 밝힌다며 비하하기도 했다. 하지만 자본주의 사회에서 돈을 추구하는 것이 잘못된 일은 아니라고 생각한다. 우리는 돈에 대해 솔직해져야 한다. 자본주의 사회에서 돈은 생활을 함에 있어 필수 불가결한 요소이며 많은 것들을 할 수 있게 해 준다. 먹고 싶은 것, 입고 싶은 것을 살 수 있도록 해 주고 본인이나 자녀들의 생활환경과 교육 환경을 좀 더 풍성하게 만들 수 있다. 돈은 좋은 것이며 우리에게 많은 기회를 주고 때로는 다양한 리스크로부터 지켜준다.

우리는 돈에 대해 솔직해지고 돈과 가까이 지내야 한다. 물론 돈이 많다고 반드시 행복한 것은 아니며 행복과 성공은 분명히 다

른 개념이다. 하지만 돈이 없다면 가장 첫 번째로 의식주가 불편해지고 배우고 싶은 것을 배우지 못하게 되고, 사고 싶은 것을 못 사게 되며 인생의 다양한 경험을 하지 못하게 된다. 사는 게 불편하면 스트레스가 생기고 스트레스가 많아지면 불행해질 가능성이 높아진다. 물론 맹목적으로 돈만을 추구하는 것은 경계해야 한다. 돈은 인생의 목표가 아니라 행복해지기 위한 수단이며 도구여야 한다. 정리하면, 돈이 많다고 무조건 행복한 것은 아니지만 편하게 지낼 수 있고, 돈이 없다고 무조건 불행한 것은 아니지만 불편하고 불행해질 가능성이 높아진다는 것이다.

　돈을 많이 번 사람들이 과거에 힘들게 살 때가 오히려 좋았다는 말을 종종 하는데, 시간의 풍화작용은 모든 과거를 미화시키는 마법이 있어 정말로 그때로 돌아가고 싶은 것이 아니라 좋은 추억이었다 정도로 생각하는 것이니 오해하지 말길 바란다. 독자 여러분들이 하루빨리 돈에 대한 지식과 균형 감각을 키우고 창업에 대해 미리 준비를 하여 나중에 성인이 되었을 때 본인의 꿈과 야망을 이루고 돈의 굴레로부터 벗어나, 돈으로부터 자유로워질 수 있기를 바란다. 돈으로부터 자유로워지기 위해서는 결국 창업을 해야 한다.

바위를 깬 달걀들

인공지능, 빅데이터, 자율주행, 로봇 등 혁신적인 기술의 발전으로 인해 새로운 비즈니스 기회가 열리고 있다. 이런 환경에서 작은 스타트업들이 어떻게 혁신적인 아이디어와 기술로 대기업들과 대등하게 경쟁하고 이겨 나가는지를 아는 것은 매우 중요하다. 이 칼럼에서는 다양한 분야의 스타트업들이 창의적인 아이디어와 혁신적인 기술로 어떻게 성과를 만들어 가고 있는지, 어떤 가치를 창출하고 있는지, 어떻게 대기업과의 경쟁에서 이기고 있는지 다양한 사례들을 소개하고자 한다.

❶ 혁신적인 기술로 산업현장의 안전을 책임진다 - 무스마

무스마는 한국의 콘테크(Construction technology) 분야 스타트업으로, 열악한 산업 환경을 혁신적으로 개선하여 현장 근무자들의 안전과 생산성 향상을 목표로 산업 현장 모니터링 솔루션을 개발하고 있다. 무스마는 현장 데이터 기반의 통합관제 시스템을 구축하고 실시간 데이터 수집·가공 및 분석까지 최적화된 현장 운영을 위한 토털 솔루션을 제공하고 있으며 관리하고자 하는 장비 및 장소에 센서를 부착하고 솔루

션에 접속하면 누구나 국내외 현장의 환경과 중장비 및 자재 정보를 쉽게 파악할 수 있다. 이미 현대건설, SK건설, 삼성중공업, KCC와 같은 대기업들도 무스마의 서비스를 사용하고 있으며 건설 현장 외에도 조선, 철강, 제조 및 물류 분야까지 고객군을 확장하고 있다. 또한 영상을 활용해 위험 상황을 인지하고 자동으로 제어하는 스마트 팩토리 분야로 서비스 영역을 확대하고 있다. 무스마는 2017년에 신성일 대표가 창업했고 2024년 상반기 기준으로 직원 수는 52명, 누적 투자 금액은 71억 원 정도이다.

❷ 전 세계 크리에이터를 위한 플랫폼 - 빅크

빅크는 크리에이터 테크(Creator technology) 스타트업으로 K-팝과 K-콘텐츠의 글로벌 팬덤 시장을 타깃으로 크리에이터, 미디어, 엔터테인먼트사의 IP 비즈니스 수익화와 팬덤 성장을 돕는 플랫

폼을 제공하고 있다. 또한 크리에이터와 콘텐츠 제작자들의 효율적인 창작 활동을 지원하고 다양한 광고 캠페인 및 프로젝트를 수행하며 수익을 창출할 수 있는 기회를 제공한다. 빅크는 크리에이터들과 함께 다양한 형태의 콘텐츠를 공동 제작해 상생할 수 있는 구조를 만들면서 200여 개 국가의 글로벌 팬을 확보할 정도로 고속 성장하고 있다. 빅크는 2021년에 김미희 대표가 창업했고 2024년 상반기 기준으로 직원 수는 43명, 누적 투자 금액은 100억 원 정도이다.

❸ 인재를 검증하기 위한 혁신적인 방법 - 스펙터

스펙터는 국내 최초의 인재 검증 플랫폼으로 채용 시장의 정보 비대칭 문제를 해결하고 기업과 구직자 간의 매칭을 돕는 스타트업이다. 경력자 채용에 필요한 평판 조회 과정을 디지털화해 구직자와 기업 모두에게 직접적인 가치를 제공한다. 기업

은 비효율적으로 진행됐던 기존 평판 조회 과정을 쉽고 빠르고 경쟁력 있는 가격으로 이용할 수 있으며, 구직자는 스펙터에 쌓인 평판 데이터를 활용해 일반적인 서류심사나 면접에서 전달하기 어려운 객관적인 평가 정보를 공유할 수 있는 플랫폼으로 사용할 수 있다. 또한 네이버 블로그와 브런치를 통해 평판 조회와 관련된 콘텐츠나 인사담당자를 위한 HR 콘텐츠, 지원자를 위한 커리어 콘텐츠 등을 제공하고 있다. 스펙터 블로그와 스펙터 브런치는 각 월평균 1만 명과 1만 7,000명 이상의 방문자 수를 기록하고 있다.

현재 스펙터에 평판이 등록된 회원 수는 16만 명이 넘으며 4,000개 이상의 기업들이 이용하고 있다. 스펙터는 2020년에 윤경욱 대표가 창업했고 2024년 상반기 기준으로 직원 수는 31명, 누적 투자 금액은 80억 원 정도이다.

❹ 우울증 치료도 기술적으로 - 아토머스

아토머스는 AI 기반 멘탈케어 스타트업으로 정신 건강 플랫폼 마인드카페를 운영하고 있다. 아토머스는 사용자들이 자신의 심리 상태를 더 잘 이해하고 적극적으로 관리할 수 있도록 돕는 것을 목

표로 하며, 이를 위해 정신질환에 특화된 디지털 치료제를 개발함과 동시에 인공지능을 활용한 비대면 심리 상담 서비스를 제공하고 있다. 마인드카페는 비대면 전문 심리 상담이 가능한 익명 정신 건강커뮤니티로 현재 100만 명의 회원을 확보했으며 기업을 대상으로 제공되는 임직원 정신 건강 관리 프로그램을 통해 다수의 국내 대기업과 테크기업들을 확보하고 있다. 멘탈케어 시장은 코로나 기간을 기점으로 폭발적으로 성장하기 시작했으며 시장조사 업체 퀀털라인리서치가 발표한 바에 따르면 2021년부터 연평균 28.6%씩 성장해 2027년에는 약 200억 달러 규모로 성장할 전망이다. 아토머스는 2015년에 김규태 대표가 창업했고 2024년 상반기 기준으로 직원 수는 약 80명, 누적 투자 금액은 340억 원 정도이다.

❺ 이제는 1가정 1로봇 시대가 온다 - 엑스와이지

엑스와이지는 로봇 스타트업으로 푸드 리테일 시장부터 일상 공간까지 다양한 영역에 적용 가능한 인공지능 로봇을 개발하고 있다. 엑스와이지는 산업용 로봇에 집중하던 기존의 로봇 제

조업체들과 달리 일상 생활에 필요한 맞춤형 서비스 로봇에 포커스를 맞췄다. 서비스 로봇은 인공지능, 로봇공학, 센서, 액추에이터 등의 기술을 접목해, 사람이 하던 다양한 업무를 자동화하고, 효율적으로 수행할 수 있도록 돕는 로봇을 말하는데 주로 공공시설, 대중교통, 호텔, 레스토랑, 일반 가정 등에서 활용된다. 엑스와이지는 사람의 도움 없이도 운영이 가능한 무인화 푸드 로봇도 만들고 있는데 향후 성장 가능성이 매우 크다고 평가받고 있다. 엑스와이지는 2019년에 황성재 대표가 창업했으며 2024년 상반기 기준으로 직원 수는 38명, 누적 투자 금액은 145억 원이다.

❻ 법률정보의 비대칭성을 없앤다 - 엘박스

엘박스는 전국의 법원 판결문, 뉴스, 참고문헌 등 법률 데이터를 제공하는 리걸테크(legal tech) 스타트업이다. 엘박스는 국내 최다인 총 200만 건 이상의 판례 데이터베이스에 인공지능 기술을 활용한 강력한 검색 기술을 보유하고 있으며 대한민

국 법률 정보 시장에서 선두를 달리고 있다. 기존의 유사 서비스보다 빠르고 정확한 판례 검색 및 분석이 가능하고 법률 전문가들의 노력을 대폭 줄여준다는 평을 받으며 김앤장, 광장, 태평양 등 우리나라를 대표하는 최고의 로펌들을 비롯해 국내 전체 변호사의 40% 수준인 1만 5,000명의 변호사가 사용하는 필수 서비스로 빠르게 성장하고 있다. 엘박스는 2019년에 창업했으며 2024년 상반기 기준으로 직원수는 48명, 누적 투자 금액은 255억 원 수준이다.

❼ 좋은 제품을 압도적인 가성비로 제공한다 - 와이즐리

와이즐리는 글로벌 대기업들이 독과점하고 있는 면도기 시장에서 프리미엄 면도기를 절반 가격 수준으로 저렴하게 제공하는 사업으로 시작해 최저가 생활용품 커머스로 자리 잡은 이커머스(e-commerce, 전자상거래) 스타트업이다. 와이즐리는 경쟁사 대비 압도적인 가성비와 품질로

브랜드 론칭 2년 만에 국내 면도기 시장에서 4위를 차지할 정도로 폭발적인 성장을 하고 있다. 와이즐리는 유통구조의 혁신을 통해 면도기뿐만 아니라 주요생활용품을 시중가보다 저렴하게 판매하고 있으며 면도기와 같은 생활필수품을 정기적

으로 교체해야 하는 불편함을 해소하고자 구독서비스를 제공하고 있다. 이마트나 쿠팡과 같은 외부 유통 채널에 입점하지 않고 자체 쇼핑몰에서만 상품을 판매하는 D2C(소비자직접판매) 방식으로 유통 비용을 줄임으로써 가격 경쟁력 확보와 품질 개선이 가능한 구조이다. 와이즐리는 2017년에 김동욱 대표가 창업했으며 2024년 상반기 기준으로 직원 수는 53명, 누적 투자 금액은 220억 원 수준이다.

START UP

2부

창업을
해 볼까요?

01 성공적인 창업자가 되기 위한 준비

　전 세계의 사람들이 고인이 된 스티브 잡스를 좋아하고 존경하는 이유는 단순히 그가 혁신적인 제품을 만들었기 때문만은 아닐 것이다. 스티브 잡스가 불우했던 환경을 이겨내고 스스로의 삶을 개척하면서 기업가정신을 보여주었고 많은 사람의 삶을 풍요롭게 하고 영감을 주었기 때문이다. 그래서인지 미국에서는 스티브 잡스의 기업가정신을 기리고 가르치는 청소년 대상 프로그램이 많이 진행되고 있는데 우리나라에도 도입되면 좋겠다는 생각이 든다.

　성공적인 스타트업의 대표가 되기 위해서는 우선 기업가정신이 필요하다. 여기서 기업가정신을 말하기 전에 기업가의 정의부터 살펴보자. 세계적인 경제학자 조지프 슘페터(Joseph Schumpeter)

는 기업가에 대해 창조적 파괴의 과정에서 리더이자 공헌하는 사람으로, 기업가에 의해서 주도된 새로운 결합에 의해 경제 개발이 일어난다고 했다. 경영학의 아버지라 불리는 피터 드러커(Peter Drucker)는 변화를 탐구하고 변화에 대응하며 변화를 기회로 이용하는 사람을 기업가라 정의했다. 정리해 보면 기업가란 새로운 시장을 개척하고 시대적 변화에 대응하면서 창조와 혁신을 통해 기업의 모든 요소를 만들어 가는 사람이라고 할 수 있다.

기업가라는 용어 대신 창업가라는 용어도 많이 혼용되어 쓰이고 있다. 창업가의 사전적 의미는 회사를 처음으로 세워 사업을 시작한 사람을 말한다. 무에서 유를 창조해야 하기 때문에 그만큼 강력한 열정과 동기부여를 필요로 한다. 창업가는 외부환경 변화에 빠르게 대응하며 사업 기회를 포착하고 혁신적인 사고와 행동을 통해 시장에 새로운 가치를 창조할 수 있는 사람이어야 한다. 또한 새로운 사업에서 야기될 수 있는 위험을 부담하고 어려운 환경을 헤쳐 나가면서 기업을 키우려는 뚜렷한 의지도 갖고 있어야 한다. 다양한 변수와 불확실성이 존재하는 환경 속에서도 미래를 예측하고 고객의 문제를 해결하며 변화를 모색하는 것이 창업가의 역할이자 숙명이다.

기업가정신 강의로 유명한 미국 뱁슨 대학의 제프리 티몬스(Jeffry Timmons) 교수는 기업가정신에 대해 '실질적으로 아무것도 아닌 것으로부터 가치 있는 것을 만들어내는 인간적이고 창조적인 행동'이라고 말하고 있다. 기업가정신이 강한 사람들은 부족한 자원을 고려하지 않고 기회를 추구하며, 비전을 추구함에 있어 다른 사람들을 이끌 열정을 갖고 있다는 것이다. 또한 계산된 위험을 감수하는 의지를 갖고 누구보다 헌신해야만 한다고 주장했다. 추가로 기업가정신이 많은 사람들의 특징을 아래와 같은 항목으로 정리하고 있는데 아무것 하나 쉬운 것이 없고 어느 것 하나 중요하지 않은 것이 없다. 이중 본인이 몇 개에 해당되는지 한번 체크해 보자. 창업에 적합한 사람인지 기업가정신이 얼마나 있는지 파악할 수 있는 재미있는 경험이 될 것이다.

기업가정신이 많은 사람들의 특징

☐ 자발적(Self-motivated)이고 솔선수범한다.

☐ 독립적으로 행동하는 경향이 강하다.

☐ 추진력이 높고 확고한 직업윤리가 있다.

☐ 성취욕구가 높고 지위나 권력에 대한 욕구가 낮다.

☐ 기회를 창출하는 능력이 있다.

☐ 인내심이 많고 높은 자신감을 갖고 있다.

☐ 불확실성과 부족함을 인내할 수 있다.

☐ 팀을 잘 만들고 타인을 잘 고무시킨다.

☐ 실패를 두려워하지 않는다.

☐ 실패로부터 배우는 능력이 뛰어나다.

☐ 위험을 수용하나 통제능력이 있다.

전체 11개의 항목 중에서 당신은 몇 개 정도에 해당되는가? 대부분의 항목들은 누구나 인정할 만한 보편타당한 기준이 될 수 있고 필자도 전적으로 공감하지만 딱 한 가지 동의하지 못하는 항목이 있는데 바로 '실패를 두려워하지 않는다'라는 항목이다. 세상에 실패를

○ 기업가정신(entrepreneurship)을 강조한 제프리 티몬스 교수.

두려워하지 않는 사람이 얼마나 있을까? 있다면 다소 무책임한 사람이 아닐까? 계속 강조하지만 준비 없는 창업이나 창업 이후의 실패는 본인뿐만 아니라 가족, 직원, 직원의 가족 더 나아가서 사회에까지 나쁜 영향을 주게 된다.

평생을 인종차별에 맞서 싸우고 남아프리카 공화국에서 처음으로 평등 선거를 통해 당선된 세계 최초의 흑인 대통령 넬슨 만델라(Nelson Rolihlahla Mandela)는 "용기란 두려움이 없는 것이 아니라 두려움을 이겨내는 것임을 깨달았다. 용감한 사람이란 두려움을 느끼지 않는 사람이 아니라 두려움을 극복하는 사람이다."라고 얘기를 했다. 같은 맥락으로 기업가정신에서 중요한 덕목은 실패를 두려워하지 않는 것이 아니라, 정말 많이 두렵지만 창업, 성공, 혁신, 가치 등에 대한 열망으로 그 두려움을 이겨 내 생존하고 성공시키는 것이라고 생각한다.

02 창업 아이템은 어떻게 찾아야 할까?

    창업을 준비하는 사람들이 가장 어려워하는 부분이 창업 아이템을 찾는 것이다. 새롭고 혁신적인 아이디어가 없기도 하고 좋은 사업 아이디어를 찾아도 사업화가 어렵거나 이미 다른 기업들이 선점한 경우가 많기 때문이기도 하다. 사실 크게 성공할 수 있는 창업 아이템은 그리 쉽게 나오는 것이 아니며 현실적으로 적용하기 어려운 것들도 많다. 아이디어와 아이템을 혼동하는 사람들이 많은데 아이디어는 우연한 기회 또는 전공지식이나 연구를 통해 얻게 되는 것이고 아이템은 아이디어를 바탕으로 시장 분석, 기술성 분석, 제조 및 판매 전략, 성능 및 안전성 실험 등 여러 검증 과정을 거쳐 제품, 서비스, 시스템 등의 결과로 창출하게 되는 것을 말한다. 그래서 단순히 아이디어만으로는 창업하기 어려운 것이다. 하늘을 나는 1인용 비행기를 1천만 원에 만들겠다는 아이디어는 누구나 낼 수 있으나 사업화하여 수익을 낼 수 있는 사람은 많지 않은 것과 같은 개념이다. 창업 아이템을 사업화할 역량을 보유하고 있으며 우리의 제품이나 서비스에 대해 기꺼이 돈을 내고 구매할 의사가 있는 고객 수요(시장)가 존재할 때 비로소 그 아이디어가 의미를 갖게 되는 것이다. 창업 아이템은 결국 고객에게 제공하는 제품이나 서비스의 속성을 의미한다. 고객이 겪고 있는 문제나 불편한 점, 즉 페인 포인트(Pain Point)를 찾아내어 기존의 솔루션이나 경쟁자보다 압도적으로 좋은 해결책을 제시하는 것이 성공의 핵심 포인트이다.

창업 아이템을 멀리에서 찾는 사람들이 많은데 좋은 창업 아이템은 대부분 우리 주변의 불편한 점에서 시작된다. 하이패스 서비스를 생각해 보자. 과거에 고속도로 톨게이트를 이용하기 위해서는 모두 정차를 해야만 했다. 카드나 현금으로 결제를 해야 하기 때문이다. 그래서 톨게이트 앞에서는 항상 병목현상이 생겼고 출퇴근 시간이나 주말에는 톨게이트 앞에서만 몇십 분을 기다려야 하는 불편함이 존재했다. 이를 해결한 것이 하이패스 서비스이다. 이제는 차를 세울 필요 없이 지나가기만 하면 바로 결제가 되기 때문에 빠르게 고속도로를 이용할 수 있다. 조사에 따르면 혼잡시간대 하이패스 1개 차로가 기존 일반차로에 비해 최대 377%의 교통량 처리능력을 보이는 것으로 나타났다. 최근에는 더 나아가서 두 개 이상의 하이패스 차로를 연결한 다차로 하이패스가 늘

🌀 2023년 9월부터 서울 우이신설선 12개 역사에서는 세계 최초로 태그리스가 적용되고 있다.

어나고 있다. 그동안 하이패스 차로가 너무 좁아서 크고 작은 교통사고가 많았고 초보 운전자들에게 부담이 되었으나 다차로 하이패스는 차로 간 구분 시설을 없애고 원래 도로와 동일한 차로 폭을 확보해 운전자들이 편안하게 운전할 수 있도록 만들었다. 또한 다차로 하이패스는 통과 제한속도가 최고 80km로 상향돼 기존 30km 대비 처리용량이 시간당 1,100대에서 1,800대로 최대 64% 증가했으며 이에 따라 영업소 구간 지체, 정체 해소 및 교통 흐름 개선에도 크게 기여하는 것으로 나타났다.

마찬가지로 이제 막 대중교통에 상용화되기 시작한 분야가 있는데 바로 태그리스(Tagless, 비접촉식) 서비스이다. 대중교통을 이용하기 위해서는 항상 교통카드를 태그해야 하는데 그로 인한 시간이 너무 오래 걸린다. 한 사람당 시간이야 1~2초로 짧을 수 있지만 출퇴근 시간 수천 명이 동시에 몰릴 때에는 단지 태그를 하기 위해 기다려야 하는 시간이 상당히 길어지게 된다. 가방에서 교통카드를 찾는 사람, 태그 인식이 안되어 여러 번 찍는 사람, 잔액이 부족한 사람 등으로 병목현상이 엄청나게 발생한다. 출퇴근 시간 서울의 2호선, 일명 지옥철을 타본 사람들은 쉽게 이해할 것이다. 태그리스 서비스는 이런 문제를 해결하기 위해 탄생했는데 말 그대로 교통카드를 태그하지 않고 버스나 지하철을 이용할 수 있도록 하는 것이다. 비접촉 형태의 운임지불 시스템과 교통카드, 비콘 기술과 NFC(Near Field Communication, 근거리 무선 통신) 기술이 결합하여 탄생하였다. 현재 서울시와 경기도를 중심으로 시범 사업이 추진되고 있는데 서울시는 이르면 2025년부터 서울 지하철 1~8호선과 시내버스에 비접촉식 게이트를 도입하기로 했다. 인천시 또한 2025년 2월까지 지하철 62개역 77개소에 설치할 예정이며 머지않아 전국으로 확대될 것으로 보인다. 태그리스 시스템이 도입되면 출퇴근 시간대 개집표기 앞에서의 혼잡도 감소, 통행속도 향상에 따른 시민편익 증진이라는 효과를 거둘 수 있을 뿐만 아니라 장애인이나 유모차 이용고객 등 교통약자도 불편 없이 지하철을 이용할 수 있게 된다. 아무 생각 없이 당연하게 사용하던 교통카드 태그 서비스에서도 고객이 불편해하는 점을 찾아냈기에 혁신적인 창업 아이템이 나올 수 있었던 것이다.

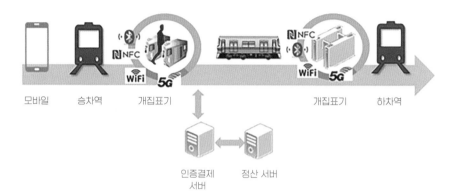

비접촉식 버스요금 결제 시스템 도입 및 확대방안

모바일　　승차역　　개집표기　　　　　　　　　　　　　　개집표기　　하차역

인증결제　정산 서버
서버

　　사례를 하나 더 들자면, 많은 사람들이 사용하고 있는 간편 송금 앱 '토스'가 있다. 예전에는 은행을 통해 돈을 송금하려면 공인인증서 설치, 비밀번호 입력, 상대방 계좌번호 입력, ARS 본인 확인, OTP 인증 등 복잡하고 불편한 절차를 거쳐야 했다. 토스는 이러한 고객의 불편한 점에서 사업 기회를 찾아내어 상대방의 전화번호만 알아도 쉽게 돈을 보낼 수 있는 서비스를 개발했고 지금은 10조 원이 넘는 기업가치를 인정받고 있다.

　　이러한 사례를 참고로 여러분도 본인이나 주변의 사람들이 겪고 있는 문제, 불편한 점에서 창업 아이템을 찾아보자. 창업 아이템은 세심한 관찰을 통해 생활 속에서 쉽게 지나쳐버리는 일들, 사람들이 불편해하는 점을 집어내야 한다. 기존 제품이나 서비스를 사용하면서 불편한 점을 찾는 것도 좋다. 이커머스, 핀테크, 헬

○ 토스는 현재 토스뱅크, 토스증권, 토스페이먼츠, 토스인슈어런스, 토스씨엑스, 토스플레이스, 토스모바일 등 다양한 계열사를 거느리고 있다.

스케어, 바이오, 블록체인, 인공지능 등 변화하는 기술과 소비자의 트렌드를 빠르게 파악하면서 해외의 성공적인 사업 아이템을 벤치마킹하는 것도 권장한다. 가급적 빨리 시장이나 고객이 원하는 일, 내가 좋아하는 일, 내가 잘하는 일의 교집합을 찾는 것을 추천한다. 그리고 여러 과정을 거쳐 창업 아이디어를 찾았다면 실현 가능성을 검증해야 한다. 사업 타당성 검토라고도 하는데 사업의 정확한 시장이 있는지, 창업자의 개인적인 비전과 사업 목표를 충족할 수 있는지 검토하고 분석해야 한다. 제품과 서비스 측면에서는 고객의 니즈와 구매 의사, 제품 개발 정도, 지식재산권 보호, 향후 확장 가능성, 제품 수명주기, 법적 리스크 등을 검토해야 하고 창업팀이 실제로 사업을 수행할 역량이 있는지, 사업을 위해 필요한 자원을 확보할 능력이 있는지 확인해야 한다. 그리고 시장의 존재 여부와 규모, 경쟁사와 경쟁제품, 유통채널, 반복적 구매 가능성 등을 예측하고 재무 관점에서 자금조달 가능성, 지속적인 수익의 발생 가능성, 매출 총이익 수준 등에 대해 분석해야 한다.

만약 온라인 또는 기술 기반의 사업이 아니라 오프라인 기반의 사업을 고민한다면 본인의 자본 규모에 맞는 아이템, 입지와 상권에 적합한 아이템, 도입기나 초반기의 업종, 자신이나 주변 사람들과 연관성이 높은 업종, 투자 대비 수익성이 좋은 업종, 자금과 상품 회전율이 높은 업종을 선택하길 바란다. 반대로 지나치게 유행성이 강해 제품의 수명주기가 짧거나 고정적으로 투자되는 비용에 비해 이익 회수 시기가 긴 업종, 종업원이 많이 필요해 인건비가 과도한 업종, 이윤율이 적은 업종 또는 대기업이나 대형 프랜차이즈 업체들과 경쟁해야 하는 업종은 피해야 한다.

창업 아이템을 찾았다면 이제 그 아이템을 사업화하고 목표를
향해 함께 달려갈 동료들을 찾아야 한다. 학교에서 하는 체육대회
를 생각해 보자. 축구와 농구 같은 구기종목부터 달리기 개인전과
단체전까지 그 반에서 가장 잘하는 선수들을 선발해야 우승할 가
능성이 높아진다. 만약 반장이 친하다는 이유로 축구를 못하는 친
구를 축구 선수로 선발하고, 달리기를 못하는데 400미터 계주의
마지막 주자로 뽑는다면 어떤 일이 벌어질까? 우승은 고사하고 최
하위를 면하기 어려울 것이다.

이렇게 당연한 일을 창업할 때에는 망각하는 사람들이 있다.
사업을 시작하려면 기획, 개발, 디자인, 영업, 마케팅, 운영, 인사,
총무, 재무 등 제품이나 서비스를 만들고 기업을 운영하기 위한

각 분야의 최고의 전문가들을 영입해야 한다. 혹시라도 창업자와 친하다는 이유로, 가족이라는 이유로 공동창업자가 되거나 초기 창업팀의 팀원으로 합류하게 되면 사업의 성공은커녕 생존조차 불가능해질 것이다.

물론 창업 초기에는 모든 분야의 사람을 채용할 수 없기 때문에 창업 멤버 두세 명이 나눠서 많은 일을 해야 한다. 따라서 초기 창업팀의 구성원들은 다양한 분야의 일에 대해 빨리 배우려는 노력이 필요하다. 혹시 창업자 혼자 기획, 개발, 디자인까지 모두 할 수 있다고 하더라도 스타트업의 생명은 속도이기 때문에 역량 있는 사람들을 모아 빨리 제품을 출시하고 고객들의 반응을 보면서 업데이트하는 것이 좋다. IT 인력을 구하기 어려워 웹에이전시 같은 외주업체에 용역을 맡기는 경우도 많지만 스타트업의 핵심 역량인 IT 기술이나 애플리케이션 개발을 전적으로 외주 업체에 의존하는 것은 위험하다. 고객의 반응을 보면서 지속적인 기능 개선이나 업데이트를 해야 하는데 외주 업체의 스케줄에 따라 기다려야 하고 결국 비용도 지속적으로 증가할 것이다.

기술 기반의 스타트업을 하기 위해 공동창업은 필수적인 시대가 되었다. 과거에는 동업을 하면 안 좋다는 인식이 많았지만 너무도 다른 다양한 분야의 전문성이 요구되기 때문에 팀 플레이가 필요하다. 공동창업자(Co-Founder)는 사업을 함에 있어서 서로 도움이 되고 부족한 부분을 채워줄 수 있는 사람이어야 한다. 애플, 구글, HP, 에어비앤비와 같은 글로벌 기업들도 처음에는 상보적 관

◐ 에어비앤비의 공동창업자들. 왼쪽부터 브라이언 체스키, 네이선 블레차르지크, 조 게비아.

계에 있는 두세 명이 모여 창업을 했다. 창업자와 비슷한 사람, 편한 사람, 친한 사람들로 구성된 팀은 시너지를 내기 어렵다. 공동창업자는 해당 산업의 전문성과 경험을 보유하고 있어야 하며 무엇보다 창업자와 신뢰가 강해야 한다.

스타트업에서 공동창업자로서 또는 초기 창업팀의 팀원으로서 꼭 필요한 자세를 정리해 보면 다음과 같다. 첫째, 담당 업무에 대한 실무 능력과 전문성을 보유해야 한다. 스타트업에서는 사수, 부사수 제도도 거의 없고 여유있게 직원을 가르칠 시간도 사람도 없다. 합류하자마자 바로 투입되어 일을 하고 성과를 만들어 내야 하기 때문에 실무 능력과 전문성이 있어야 한다. 둘째, 효율적인 의사소통 능력이 있어야 한다. 스타트업은 한정된 시간과 자원 안에서 빠르게 의사결정을 하고 실행해야 하기 때문에 가장 효율적으로 의사소통을 할 수 있는 사람을 필요로 한다. 셋째, 상황 대처 능력이 탁월한 사람이어야 한다. 스타트업은 변수의 연속이기 때문에 정형화된 답이 아니라 주어진 상황을 이해하고 분석하여 해결 방식을 찾아내는 상황 대처 능력을 갖춘 인재가 필요하다. 끝으로 매사에 적극적인 사람이어야 한다. 주어진 일만 하는 사람, 나의 일만 하는 사람보다는 주도적으로 알아서 일을 하는 사람, 적극적으로 문제를 해결하는 사람, 자신이 부족하다고 생각하는 역량을 개발하기 위해 끊임없이 노력하는 사람이 필요하다.

● 역량 있는 공동창업자를 구하는 방법

1. 각종 해커톤 참석하기 - 해커톤(Hackathon)에 참석하여 창업에 대한 의지가 있는 실력 있는 사람들을 찾는 것이 가장 좋은 방법이 될 수 있다. 해커톤은 해커와 마라톤의 합성어로 기획자, 개발자, 디자이너 등이 모여 제한된 시간 안에 아이디어를 도출하고 결과물을 만들어 내는 일종의 대회이다. 이런 행사에 참여하면 실제로 기획자, 개발자, 디자이너들과 하루나 이틀 동안 함께 작업을 해 보면서 핏(Fit)을 맞춰볼 수 있기 때문에 좋은 사람들을 만날 수 있다. 본인이 생각하고 있는 아이템에 대해서 의견을 들어볼 수도 있고 함께 프로토타입을 만들면서 실력을 점검해 볼 수 있는 장점

이 있다. 예비 창업자의 입장에서는 해커톤에 참여하는 것이 개발자와 디자이너를 만나 MVP(Minimum Viable Product, 최소존속제품)를 만들 수 있는 좋은 기회이지만 이미 창업을 했거나 어느 정도 규모가 커졌다면 창업자나 C-Level(주요 경영진)이 해커톤에 참석하는 것은 비효율적일 수 있다. 따라서 이런 경우에는 사내 팀장급 이상의 테크니컬 리더나 개발에 대한 이해도가 높은 테크 전문 리크루터에게 미션을 주고 해커톤에서 실력 있는 개발자를 영입하도록 하는 것도 좋다. 가장 중요한 것은 개발자의 핵심 역량과 협업 능력, 인성 등을 빠르게 파악할 수 있는 사람이 해커톤에 참여하는 것이다. 해커톤에서 하루 정도 참여한 전체 사람들과 함께 소통하고 협업하면서 창업에 대한 의지, 이직에 대한 생각, 개인의 역량이나 경험, 인성 등을 파악한 후에 명함을 교환하면서 영입

○ 경기콘텐츠진흥원이 개최한 '2024 경기 메타버스 해커톤'. 19팀 77명의 개발자가 참가해 교류를 나눴다.

의사를 전달하는 것이 좋다. 대부분의 해커톤 일정은 온오프믹스, 페스타, 이벤터스와 같은 모임 플랫폼이나 개발자 커뮤니티에서 확인할 수 있고 종종 대기업, 정부기관, 빅테크 기업에서도 해커톤을 개최하니 벤처스퀘어나 플래텀과 같은 스타트업 전문 미디어를 주의 깊게 보는 것도 좋다.

2. 스타트업 관련 컨퍼런스 참석하기 - 국내외 주요 IT 기업들이 주최하는 개발자 대회나 스타트업 관련 컨퍼런스에 참여하는 것도 좋은 방법이다. 개발자 컨퍼런스는 주로 국내 대형 IT 기업들이 사내외 개발자들과 서로의 지식과 기술을 나누고 공유하며 미래를 준비하기 위해 진행하는데 회사의 기술력을 외부에 알리고 홍보하기 위한 목적도 있다. 국내외 정상급 개발자뿐만 아니라 창업에 관심 있는 다양한 분야의 사람들이 참석하는 행사인 만큼 좋은 사람들을 만날 확률이 높다. 회사 직원만 참석할 수 있는 폐쇄적인 행사도 있지만 일반인에게 오픈된 행사도 꽤 있으니 이런 곳에 가서 명함도 전달하고 좋은 사람들을 만나려는 노력을 해야 한다. 예를 들어 넥슨에서

◎ 넥슨 개발자 콘퍼런스(NDC) 24 포스터.

진행하는 NDC(Nexon Developers Conference)의 경우 게임산업의 노하우와 지식을 개발자들과 공유하자는 취지로 시작되었는데 일반인들도 신청해서 발표를 할 수 있을 만큼 오픈된 형태로 진행된다. 이런 행사에 참여하여 같은 테이블에 있는 분들과 가볍게 인사하고 커피 브레이크 시간에 돌아다니면서 명함을 교환하면서 소통하려는 노력을 해야 한다. 만약 여러분들이 이런 행사에서 단순 참관이 아니라 좋은 내용으로 발표를 할 수 있다면 역량 있는 사람들을 만날 가능성이 더 높아질 것이다. 예비 창업자라도 연락처와 이메일 주소를 넣은 임시 명함을 만드는 것이 좋고 경험상 대략 100장 정도는 챙겨가는 것을 추천한다.

3. 커뮤니티 사이트와 채용 플랫폼 활용하기 - 국내에는 데브피아, 뎁스노트 같은 개발자 커뮤니티와 잡플래닛, 블라인드 같은 기업 리뷰 플랫폼이 활성화되어 있는데 여기에서 회사에 대한 평판이나 채용 정보가 많이 공유된다. 창업에 관심 있는 개발자나 기획자들이 많이 모이는 곳에서 그들의 언어로 소통하며 자연스럽게 회사를 알리고 스며드는 것이 중요하다. 수천만 원을 들여 잡사이트에 광고하는 것보다 이

◐ 미국 팀블라인드사가 운영하는 직장인 익명 커뮤니티 블라인드.

런 커뮤니티 사이트에서 채용 활동을 하는 것이 더 효과적일 수 있다. 최근에는 미국뿐만 아니라 국내에서도 링크드인, 원티드, 리멤버와 같은 채용 플랫폼을 활용한 채용이 활성화되고 있는데 이와 같은 서비스를 통해 회사에 맞는 사람을 탐색하고 평판을 조회하는 것도 좋은 방법이라 하겠다.

4. 매력적이고 합리적인 인사정책 수립과 조건 협상하기 - 다양한 경로를 통해 좋은 사람을 알게 되었고 회사의 사업성이나 비전 등에 어느 정도 합의가 되었다면 이제는 급여, 지분, 스톡옵션, 기타 조건(업무, 의사결정 권한, 근무장소/재택 여부, 교육 지원, 장비 등)에 대해 서로의 컨디션에 맞게 오픈 마인드로 조율과 협상을 해야 한다. 현재 상황에서 제시 가능한 최댓값을 산정하고 상대방의 성향에 따라 밸런싱을 하면서 합의점을 찾아야 한다. 미래가치(지분)에는 관심 없고 현재가치(급여)가 더 중요한 사람들에게는 현재 직장에서 받고 있는 것에 준하는 급여나 약간 상향된 급여를 제시해야 한다. 스타트업 입장에서는 연봉이 부담스럽지만 일종의 투자라고 생각해야 한다. 스톡옵션은 입사할 때 지급하는 것도 좋지만 아직 검증되지 않았다면 입사 이후 성과에 따라 지급한다고 하면 더 좋다. 현재가치와 미래가치가 둘 다 중요한 사람들에게는 현재 급여의 50~70% 수준과 함께 유의미한 지분이나 스톡옵션 패키지를 제시하면 좋다. 만약 현재가치보다 회사의 미래에 인생을 걸고 승부를 보겠다고 하는 사람이 있다면 급여를 창업자가 받는 수준으

로 낮추고 지분이나 스톡옵션을 더 많이 주는 것도 서로에게 좋은 방법이 될 수 있다.

5. 사내 추천 제도 활용하기 - 조사 결과에 따르면 스타트업이 개발자를 채용할 때 약 30%는 기존 직원의 추천을 받아 채용한다고 한다. 회사의 내부 사정을 잘 아는 직원들이 추천한다는 것은 여러 가지로 큰 의미가 있다. 추천인이 그만큼 회사의 비전과 방향성에 공감하고 신뢰하고 있다는 것을 의미하며 함께 일하고 싶은 능력과 인성을 갖춘 사람을 추천할 가능성이 매우 높다는 것이다. 사내 추천 제도를 활성화하기 위해서는 사내 추천 제도 자체를 헤드헌팅 서비스를 이용하는 것으로 간주하여 적절한 비용을 지급해야 한다. 사내 추천을 통해 채용이 되고 일정 기간이 경과하면 채용된 직원 연봉의 일정 비율 또는 거기에 준하는 정액제로 주는 것이 좋다. 참고로 헤드헌팅 비용은 연봉의 20% 수준이다. 물론 아무리 지원금을 많이 준다고 해도 역량이 안 되는 사람을 추천하지는 않을 것이고, 반대로 회사에 대한 신뢰가 없는데 돈 때문에 지인을 소개하지도 않을 거라는 신뢰가 전제되어야 한다.

6. 회사의 비전과 목표로 어필하기 - 스타트업에 관심 있는 사람들 중에는 사회적 가치를 추구하거나 세상에 긍정적인 영향력을 끼치고 싶어서 창업을 하려는 사람들도 있다. 이런 사람들에게는

○ 지금의 애플을 만든 주역들. 왼쪽부터 스티브 잡스, 존 스컬리, 스티브 워즈니악.

단지 연봉이나 스톡옵션이 아니라 우리 회사가 어떻게 사람들의 삶을 풍요롭게 만들고 좀 더 좋은 세상을 만드는 데 기여하는지 등에 대해 진정성을 갖고 얘기하는 것이 좋다. 너무도 유명한 일화 이지만 애플의 스티브 잡스가 펩시에 있던 존 스컬리를 영입할 때 이런 얘기를 했다. "설탕물이나 팔면서 남은 인생을 낭비하고 싶습 니까? 아니면 나와 함께 세상을 바꿔보고 싶습니까?" 역량 있는 공동창업자를 구하는 방법에는 정답이 있는 것이 아니라 회사의 상황과 사업 분야, 창업 시기 등에 따라 변수가 많을 수 있으니 참 고하기 바란다.

　잡스의 일례처럼 핵심 인재를 영입할 때에는 그들의 마음속에

잠자고 있는 열정과 욕망에 불을 지피고 당신의 제안을 수락할 수밖에 없는 비전과 목표를 보여줄 수 있어야 한다.

● 전문가를 채용하려면?

이른바 IT 전문가들의 전성시대이다. 개발자를 필두로 기획자, 디자이너, 데이터 분석가 등 모바일 시대, 4차 산업혁명 시대가 도래하면서 IT 전문가에 대한 수요가 증가하고 있다. 이에 따라 IT 전문가의 몸값은 천정부지로 오르고 있고 회사는 경력과 실력이 어느 정도 되는 인재들을 서로 모셔가려고 난리이다. IT 기업들은 경쟁적으로 연봉 수준을 올리면서 IT 전문가 영입을 위한 치열한 쟁탈전을 벌이고 있으며 관련 기사는 연일 미디어를 장식하고 있다. 2000년대 초반 인터넷을 중심으로 벤처 붐이 일었던 시기에 웹 개발자, 웹디자이너 등의 직군이 인기를 끌었던 현상과 유사하게 20년 만에 다시 전성시대가 도래했다고 볼 수 있다. 국영수 중심이던 학원가에는 코딩 학원이 들어서고 있고 심지어 공무원이 철밥통 직장을 그만두고 개발자가 되기 위해 국비지원 프로그램에 다닌다는 얘기가 나올 정도이다.

문제는 연봉이나 복지 수준이 낮은 스타트업은 물론이고 삼성전자, SK텔레콤같은 대기업과 네이버, 카카오와 같은 빅테크 기업에서조차 IT 전문가를 구인하는 데 어려움을 겪고 있다는 점이다. 이제 대학을 갓 졸업한 개발자 초봉이 5,000~6,000만 원은 기본이고 이직 보너스로 1억 원을 준다는 기업도 있다. 4차 산업혁명 시대가 되면서 이런 현상은 앞으로도 지속될 것으로 많은 전문가들이 예상하고 있다. 앞으로도 IT 전문가는 기업의 기술 경쟁력을 높이고 미래 먹거리를 만들기 위한 가장 강력한 무기이자 자원이 될 것이기 때문에 이러한 변화의 흐름을 빠르게 감지하여 선제적 대응을 해야 한다.

스타트업이라고 해서 대기업이나 빅테크 기업에 비해 연봉을 많이 못 준다고 절망하거나 포기해서는 안 된다. IT 전문가들이 어떤 사람인지 이해하고 그들에게 지속적으로 비전을 제시하고 동기부여를 하며 정당한 보상과 대우를 해 주며 즐겁게 일할 수 있는 문화를 만들 수 있다면 당신의 회사는 IT 전문가들이 서로 가고 싶어 하는 회사가 될 것이다.

● 글로벌 기업들이 IT 전문가를 확보하는 방법

글로벌 기업들이 IT 전문가를 확보하기 위한 쟁탈전을 벌이는 것은 국내 상황과 비슷하다. 그들은 대학에서 연구하던 세계적인 석학들을 채용하는 것뿐만 아니라 공격적인 스타트업 인수를 통해 인재를 확보하고 있다. 애플은 카네기멜론대학교의 루슬란 살라쿠트디노프 교수를 AI 연구 디렉터로 채용하였고 도요타는 자율주행 시대에 주도권을 잡기 위해 구글의 AI 로봇 개발부문 책임자인 제임스 커프너를 영입하였다. 페이스북(현 메타)은 AI의 대부

◑ 현대자동차가 보스턴다이내믹스를 인수했다는 보도자료 이미지.

로 통하는 제프리 힌튼 토론토대 교수와 딥러닝 분야 개척자인 얀
레쿤 뉴욕대 교수를 채용하면서 인공지능 중심으로 사업을 확장
하고 있다.

또한 스타트업을 통째로 인수하여 기술력과 인재를 확보하는
애크 하이어(Acqui-Hire) 전략을 취하는 기업들이 많아지고 있다. 애
크 하이어는 기업 인수를 뜻하는 Acquisition과 고용이라는 뜻의
Hire를 합친 말로 실리콘밸리에서 인재 확보를 위해 많이 이루어
지는 새로운 고용형태를 말한다. 인수 기업 입장에서는 짧은 시간
에 기술력과 인재를 확보하는 동시에 미래의 경쟁자를 사전에 제
거하는 일거양득의 효과를 노릴 수 있고 피인수 기업에서는 기간
대비 꽤 높은 수익률로 엑싯(Exit)을 할 수 있으며 인수 기업의 인
프라를 활용해 성장의 속도를 빠르게 할 수 있다는 장점이 있다.

알파고로 유명한 딥마인드도 직원이 20여 명 밖지 되지 않았지만 독보적인 인공지능 기술을 갖고 있었기 때문에 구글에서 4억 달러(약 5,350억 원)에 인수하였고 현대자동차도 로봇 전문 회사인 보스턴다이내믹스를 11억 달러(약 1조 4,700억 원)에 인수하였는데 이러한 것을 애크 하이어의 대표적인 사례로 볼 수 있다.

04 | 회사를 만드는 방법과 절차

　　회사 설립의 형태는 크게 보면 사업의 주체를 개인으로 하는 개인사업자와 법인으로 하는 법인사업자로 나누어진다. 개인사업 자는 말 그대로 개인과 동일하다고 보면 되는데 대표자가 사업의 주체이기 때문에 회사와 대표자가 분리되지 않고 하나의 일치된 실체로 인정받는다. 개인과 회사가 하나로 여겨져 사업 과정에서 발생하는 소득이나 부채가 모두 개인 명의로 부과된다. 또한, 의사 결정과 자금 운용 등을 개인이 자유롭게 결정하고 그에 대한 전적 인 책임을 사업자 본인이 진다는 특징이 있다. 일반적으로 자영업 을 하는 사람들이 개인사업자로 많이 시작한다. 물론 한 개의 카 페나 식당을 운영하는 것이 아니라 프랜차이즈 사업을 하고자 한 다면 주식회사로 시작하는 것이 좋다. 개인사업자는 소득에 대해

○ 유한책임회사는 소규모 창업 방식으로 인기가 높다.

소득세법이 적용되며 사업소득이란 이름으로 대표자에게 세금이 부과되는데 이때 대표자의 다른 소득과 합쳐 종합 과세된다. 사업과 관련된 모든 채무도 당연히 대표자에게 귀속된다.

　법인(法人)은 한자 풀이 그대로 법률상에서 자연인이 아니면서 법에 의하여 권리 능력이 부여되는 대상을 말한다. 쉽게 말하면 법적으로 인정이 될 경우 사람이 아닌 단체나 회사도 사람 취급을 해 준다는 의미이다. 법으로 사람 대접을 해 주기 때문에 당연히 주무관청이나 법원의 통제를 받아야 한다. 법인의 종류는 구성요소에 따라 재단법인과 사단법인, 법인의 설립목적에 따라 영리법인(상법상의 회사)과 비영리법인이 있으며 준거법, 강제성, 공권력 등을 기준으로 하여 공법인(국가·공공단체)과 사법인(상법·민법상의 법인) 및 중간법인(공기업 등)이 있다. 우리나라에 주된 사무소가 있으면서 우리나라 법률에 의하여 설립되는 내국법인과 외국법에 근거하여 설립되는 외국법인으로 분류되기도 한다.

◎ 개인사업자 vs. 법인사업자 비교

	개인사업자	법인사업자(주식회사)
설립절차	세무서에 사업자등록	법원에 설립 등기 후 세무서에 사업자등록
책임소재	대표자의 무한책임	출자한도 내에서만 책임
의사결정	대표자가 모든 것을 결정	이사회, 주주총회 등 상법상 기관에서 결정
이익배분	대표자에게 귀속	법인에 귀속되고 주주에게는 배당
자금인출	개인 명의의 통장에서 자유롭게 인출	법인 명의의 통장을 개설하고 임의 인출 불가
세금납부	소득세, 부가가치세	법인세, 부가가치세
자금조달	외부 자금조달 어려움	구주, 신주, 사채발행 등을 통해 자금 조달 용이
기타	자영업에 적합	스타트업, 중소기업에 적합

상법상 회사인 영리법인에는 주식회사, 합명회사, 합자회사, 유한회사, 유한책임회사 이렇게 5종류로 나눠지는데 기업들이 가장 많이 설립하는 형태는 주식회사이다. 주식회사는 법인이 사업의 주체이기 때문에 창업자와 사업이 분리된 실체로 구분되어 인정된다. 따라서 소유와 경영이 분리되어 있고 출자한 자본만큼만 책

임을 지면 되기 때문에 창업자를 보호하기 위해서도 주식회사가 유리하다. 사업성과는 법인에 귀속되며 이에 대해 법인세란 이름으로 법인 명의의 세금이 부과된다. 당연히 주주의 소득과 법인의 소득은 별개이며 법인의 이익은 주주에게 배당(주주는 배당에 대해 배당소득세 납부)으로 배분된다. 지분의 양도가 자유로우며, 신주 발행 및 사채 발행을 법적으로 인정함으로써 자금조달이 용이하다는 특징이 있다.

많은 사람들이 회사를 차릴 때 개인사업자와 법인사업자 중에서 고민을 한다. 각각의 장단점이 있고 창업하려는 분야, 산업, 업

◉ 법인의 종류와 차이점

구분	주식회사	합명회사	합자회사	유한회사	유한책임회사
사원구성	주주	무한책임사원	무한책임사원 유한책임사원	유한책임사원	유한책임사원
사원 수	1인 이상	2인 이상	각각 1인 이상	1인 이상	1인 이상
업무집행기관 (경영권)	이사회 대표이사	무한책임사원	무한책임사원	이사	사원 또는 사원이 아닌자
감사기관	감사 감사위원회	없음	없음 유한책임사원	감사 (임의기관)	없음
지분양도	자유	사원전원의 승인	무한책임사원-사원 전원 유한책임사원-무한 책임사원 전원	자유	사원 전원의 동의 (정관에 따로 지정 가능)
대표적 형태	대부분의 기업	법무법인	사모펀드	회계법인 외국기업	법무법인 벤처캐피탈

종에 따라 다를 수 있기 때문에 창업을 하기 전에 꼼꼼하게 따져 봐야 한다. 카페나 식당 같은 자영업을 하려면 개인사업자로 시작 하는 것이 유리한 점이 많을 수 있고 장사가 아닌 사업을 하고자 한다면 법인사업자로 시작하는 것을 추천한다. 특히 스타트업을 설립한다면 무조건 법인사업자, 그중에서도 주식회사로 설립해야 한다. 추후 엔젤투자자나 벤처캐피탈 등의 외부 투자를 받기 위해 서는 신주를 발행하거나 구주를 매각하여 외부 자금을 유치해야 하기 때문이다. 심지어 정부 정책자금조차도 법인사업자에게만 해 당되는 과제가 많기 때문에 주식회사로 설립해야 지원을 받을 수 있다. 개인사업자로 운영을 하다가 회사가 커지면 법인사업자로 전환하는 경우도 있지만 회계처리도 복잡하고 대부분의 투자자 들이 선호하지 않는다.

● 회사 설립절차와 세금

사업상 독립적으로 재화 또는 용역을 공급하려는 창업자는 사 업자등록을 꼭 해야만 한다. 사업자는 사업장마다 사업 개시일부 터 20일 이내에 사업장 관할 세무서장에게 사업자등록을 신청해 야 하는데 신규로 사업을 시작하려는 사람은 사업 개시일 이전이 라도 사업자등록을 신청할 수 있다. 요즘 사업자등록을 하지 않고 카카오톡이나 SNS, 블로그 등을 통해 제품을 판매하는 사람들이 많은데 이런 경우 나중에 큰 불이익이 발생할 수 있다. 사업자등록을 하지 않고 사업을 하는 경우에는 세금계산서의 교부가 불가능하며 관련 매입세액을 공제받을 수 없게 된다. 당연히 사업자등록을 하지 않고 이루어진 거래에 대해서는 미등록가산세를 부담해야 하고 부가가치세를 신고하지 못한 사업장의 거래에 대해서는 가산세를 추가로 부담해야 하니 창업을 할 때에는 사업자등록을 꼭 하기 바란다.

◎ 사업개시일로부터 20일 이내에 사업자등록을 신청하지 않으면 공급가액의 1%가 미등록가산세로 붙게 된다.

개인사업자의 설립절차는 매우 간단하다. 개인사업자로 회사 설립을 할 경우, 관할 세무서(사업장 주소지에 있는 세무서)에 사업자등록 신청서를 제출하면 사업자등록증을 발급받을 수 있다. 그러나 자신이 하려는 업종이 인허가를 취득해야 하는 업종일 경우 사업자 등록 신청을 하기 전에 주무관청이나 관련 지자체(주로 구청)에서 인허가를 취득한 후에 사업자등록 신청을 해야 한다. 사업자등록을 신청할 때 구비서류는 사업자등록신청서, 사업인허가증(해당자에 한함), 임대차계약서(사업장을 임차한 경우), 동업계약서(공동사업자인 경우), 주민등록등본이 있다. 사업자등록을 신청하는 것은 어렵지 않으나 부가세 부과 대상에 따라서 일반과세자, 간이과세자로 구별되기 때문에 창업자는 어느 것이 회사의 매출규모에 적합한지 고려해야 한다. 간이과세자는 연간 공급대가 예상액이 8천만 원 미만인 개인사업자인데 공급한 대가에 업종별 부가가치율을 적용해 곱해서 매출세액의 0.5~3%로 일반과세자 대비 낮은 세율로 적용받게 된다. 다만 연간 공급대가 예상액이 8천만 원 미만이라고 하더라도 국세청장이 정한 간이과세 배제기준에 해당되는 사업자는 간이과세를 적용받을 수 없다.

법인사업자가 사업자등록을 하기 위해서는 법인 설립을 먼저 해야 한다는 점이 개인사업자와 다르다. 과거에는 법인을 설립하기 위해 최소 자본금 5천만 원 이상이 필요하고 절차가 매우 복잡했으나 지금은 자본금 백만 원으로도 간단하게 법인을 설립할 수 있다. 그리고 예전에는 법무사를 통해서 많은 수수료를 내면서 법인을 설립하였으나 이제는 온라인 법인 설립시스템(http://www.startbiz.go.kr)을 이용해서 집에서도 쉽게 법인 설립을 진행할 수 있다. 법인을 설립할 때에는 회사 이름, 자본금, 주소, 주주, 임원, 사업목적 등을 사전에 잘 정리해야 한다. 법인 설립을 위한 서류에는 설립등기신청서, 발기인총회의록, 주주명부, 정관, 잔고증명서, 임원인감도장, 인감증명서, 임원 주민등록등본 등이 필요하다. 당연하게도 법인등기가 완료되었다고 바로 사업을 할 수 있는 것이 아니라 개인사업자처럼 관할세무서에서 사업자등록을 해야 한다. 법인사업자가 사업자등록을 하기 위해서는 법인 설립신고 및 사업자등록신청서, (법인명의) 임대차계약서, 주주 또는 출자자명세서, 사업허가등록신고필증 등이 필요하다.

● 개인사업자와 법인사업자 세율 비교

개인사업자와 법인사업자는 과세표준별 세율이 많이 다르다. 과세표준은 과세 당국에서 세금을 부과하는 기준을 말하며, 간단하게 매출액에서 사업 운영에 필요한 경비를 뺀 순수익을 뜻한다고 생각하면 된다. 아래 표를 보면 개인사업자는 1,200만 원 이하부터 5억 원 초과까지 총 7개 등급으로 나뉘어 있고 법인사업자는 4개 등급으로 나뉘어 있다. 단순하게 세율만 본다면 매출이 많을수록 법인사업자가 유리해 보일 수 있다. 하지만 법인사업자의 경우, 사업주의 급여와 퇴직금을 비용으로 인정하기 때문에 그 금액에 따라 과세표준이 줄어들 수도 있다. 즉, 세율의 유불리에만 기준을 두고 단순하게 개인인지 법인인지를 선택하는 것은 주의해야 한다.

예를 들어 연 매출 2억에 매출의 20%가 순수익인 회사의 경우 과세표준이 4천만 원 정도가 된다. 이런 경우 개인사업자는 15%의 세율로 6백만 원이고, 법인사업자는 10%로 4백만 원이 되어 법인사업자가 세금을 덜 내게 된다. 하지만 법인 설립에 들어가는 등기 비용, 복식부기 의무 이행을 위한 세무 비용, 그리고 사업 소득을 자유롭게 사용할 수 없다는 점을 고려했을 때 법인 설립이 무조건 좋다고 보기는 어렵다. 상법과 세법 어디에서도 사업자 유형을 규정하기 위해 수치로 표시한 외형 기준은 없다. 따라서 어떤 사업자 유형을 선택해야 유리한지는 사업을 통해 창업자가 이루

개인사업자	
과세표준	**세율**
1,200만 원 이하	6%
1,200만 원~4,600만 원	15%
4,600만 원~8,800만 원	24%
8,800만 원~1억 5천만 원	35%
1억 5천만 원~3억 원	38%
3억 원~5억 원	40%
5억 원 초과	42%

법인사업자	
과세표준	**세율**
2억 원 이하	10%
2억 원~200억 원	20%
200억 원~3,000억 원	22%
3,000억 원 초과	25%

고자 하는 것이 무엇인지, 투자유치가 필요한 업종인지 등에 따라 달라질 수 있기 때문에 사전에 회사의 형태별 장단점을 잘 이해하고 본인이 현명하게 선택해야 한다. 또한 세금이 복잡하고 어렵다며 아예 관심을 두지 않거나 회계 담당 직원에게만 맡기는 창업자들이 많은데 사업에 있어서 세금이 차지하는 비중이 매우 크기 때문에 꼭 대표자가 직접 챙기는 것이 좋다.

창업 절차 A to Z

이번 칼럼에서는 회사를 설립하기 위해 필요한 절차와 서류 등에 대해 안내하고자 한다. 향후 엔젤투자자나 벤처캐피탈로부터 투자를 받기 위해서는 법인 형태 중의 하나인 주식회사로 설립하는 것이 유리하기 때문에 주식회사를 설립하는 것을 기준으로 설명할 것이다. 비슷한 주제로 인터넷 검색을 해 보면 오류가 있거나 업데이트 안된 예전 사례들도 많으니 가급적 여기서 다룬 내용을 참고하기 바란다.

❶ 주식회사 설립 절차

1) 발기인의 구성 – 주식회사를 설립하는 사람을 발기인이라고 한다. 주식회사 설립절차에는 발기인이 중요한 역할을 하므로, 누가 발기인이 될 수 있는가는 주식회사 설립에 있어서 중요한 문제이다. 발기인은 주식회사를 설립할 때 회사의 정관을 작성하고 그 정관에 기명날인 또는 서명을 해야 한다. 발기인의 자격에는

제한이 없어 미성년자인 청소년들도 발기인이 되어 주식회사를 설립할 수 있으나 미성년자가 발기인으로서 회사를 설립하려면 법정대리인(친권자 또는 미성년후견인)의 동의가 있어야 한다.

2) 상호명 정하기 - 회사명을 정하는 것이다. 관할 구역 내에 동일한 상호가 없어야 하며 인터넷등기소를 통해 확인 가능하다. 한글로 정해야 하며 한글과 숫자를 혼용하는 것은 가능하다. '주식회사'가 앞에 들어갈 수도 있고 뒤에 들어갈 수도 있으니 정해야 한다.

3) 회사의 설립목적 및 사업목적 결정 - 회사의 설립목적은 회사의 존재이유 또는 수행하려는 사업에 관한 것이다. 발기인은 정관을 작성할 때 회사의 목적을 정해야 한다. 또한 법인은 사업목적에 명시된 사업만 진행 가능하기 때문에 현재 진행할 사업목적과 향후 계획까지 포함하여 업종과 업태를 여유 있게 10여 개 정

도 설정하는 것을 추천한다.

4) 주주 및 임원 선임 - 주주와 사내이사, 감사를 누구로 할지 결정해야 한다. 자본금 10억 미만이라면 주주 1명 이상, 사내이사 1명 이상이 있어야 한다.

5) 정관 작성 - 정관(定款)이란 회사의 조직과 활동을 정한 근본규칙 또는 이를 기재한 서면을 말한다. 주식회사를 설립할 때에는 발기인이 정관을 작성해야 한다.

6) 주식발생사항결정 - 주식발행사항이란 정관의 절대적 기재사항(① 회사설립 시에 발행하는 주식의 총수와 ② 1주의 금액) 외에 자본금에 관한 구체적인 사항을 결정하는 것으로서, 회사설립 시에 발행하는 주식에 관한 다음의 사항에 대해 정관에 다른 규정이 없는 경우 발기인 전원의 동의로 결정하는 사항을 말한다.

- 주식의 종류와 수
- 액면주식의 경우에 액면 이상의 주식을 발행할 때에는 그 수와 금액
- 무액면주식을 발행하는 경우에는 주식의 발행가액과 주식의 발행가액 중 자본금으로 계상하는 금액

7) 발기인의 주식인수 - 각 발기인은 서면에 의하여 주식을 인수해야 하며, 발기인이 설립등기를 신청할 때에는 주식의 인수를 증명하는 정보를 제공해야 한다.

8) 임원의 선임
  • **발기인의 이사·감사 선임**: 발기인의 인수가액에 대한 전액 납입과 현물출

자의 이행이 완료된 때에는 발기인은 지체 없이 의결권의 과반수로 이사와 감사를 선임해야 한다. 발기인이 여러 명일 경우 발기인의 의결권은 그 인수주식의 1주에 대하여 1개로 한다.

• **대표이사의 선임**: 대표이사는 설립등기시에 등기해야 할 사항이므로 설립등기 전에 대표이사를 선임해야 한다. 그러나 정관으로 주주총회에서 대표이사를 선정할 것을 정할 수 있다. 또한 대표이사를 정할 경우에는 수인의 대표이사가 공동으로 회사를 대표할 것을 정할 수 있다.

• **발기인의 의사록작성**: 발기인은 의사록을 작성하여 의사의 경과와 그 결과를 기재하고 기명날인 또는 서명해야 한다.

9) 사업의 인허가 확인 - 주식회사를 설립하여 사업을 시작하려는 자는 대부분의 업종에서 특별한 규제나 제한 없이 사업을 영위할 수 있으나, 특정한 업종의 경우에는 관계법령에 따라 사업개시 전에 행정관청으로부터 허가를 받거나 행정관청에 등록 또는 신고를 마쳐야 사업을 수행할 수 있는 경우가 있다. (예: 폐기물처리업, 액화석유가스 충전사업)

10) 주식회사 설립등기 - 등기소를 방문해서 하면 서면접수 방법과 인터넷등기소를 통한 온라인 진행 방법인 전자접수 방법 중에 선택 가능하다.

• **필요서류**: 설립등기신청서, 법인인감신고서, 발기인회의 의사록, 조사보고서, 주식발행사항 동의서, 주주명부, 취임승낙서, 정관, 잔고증명서, 이사회 회의록(이사가 3인 이상인 경우), (임원, 주주의) 주민등록초본(등본), (임원, 주주의) 인감도장, (임원의) 인감증명서

11) 법인설립신고 및 사업자등록 - 법인설립신고 및 사업자등록이란 납세의

무를 지는 사업자에 관한 정보를 세무서의 대장에 수록하는 것을 말한다. 법인설립신고 및 사업자등록은 단순히 사업사실을 알리는 행위이므로 세무서장에게 법인설립신고 및 사업자등록신청서를 제출하는 것으로 법인설립신고 및 사업자등록이 성립한다. 세무서 또는 홈택스를 통해 진행가능하며 인허가 필요한 업종이라면 인허가증을 발급받아야 한다.

- **필요서류:** 사업자등록신청서, 법인등기부등본, 법인인감증명서, 정관, 주주명부, (법인명의) 임대차계약서, 대표자 신분증, (해당 시) 사업허가, 등록, 신고필증

❷ 온라인 법인설립시스템

주식회사를 설립하는 절차는 예전에 비해 매우 간소화되었다. 과거에는 절차가 너무 복잡하여 일반인들이 셀프로 진행하기가 쉽지 않았다. 그래서 법무사를 통해 많은 수수료를 내면서 진행하는 경우가 많았으나 이제는 중소벤처기업부에서 운영하는 온라인 법인설립시스템을 이용해서 집에서도 쉽게 법인 설립을 진행할 수 있다. 또한 기존에는 주식회사를 설립하기 위해서는 최소 자본금 5천만 원 이상이 필요했으나 지금은 자본금 100만 원으로도 법인을 설립할 수 있게 변경되었다.

❍ 온라인 법인설립시스템 홈페이지 QR 코드.

> **Tip 법무사**
>
> 법률관련전문자격사 중의 하나로 법원(등기소 포함), 검찰을 비롯한 사법기관이나 수사기관에 제출하는 서류의 작성 및 제출 등을 대행하는 것을 주 업무로 한다.

온라인으로 법인을 설립하기 위해 필요한 항목
- 법인구성원 가입 및 개인 공동인증서

- **법인 인감 도장**: 도장 규격은 지름 1~2.4cm 이내
- **법인등록면허세 감면신청서류**: 관할 시군구청 법인등록면허세과에서 감면 여부 확인 가능
- **자본금 통장**: 자본금 납입 관련 잔액증명서 발급받을 발기인 대표 명의의 입출금개인 계좌 필요
- **법인설립 구성원**: 주식회사 설립의 경우 이사감사조사보고서 작성을 위한 지분 없는자 1인 선임 필수인 관계로 최소 인원은 대표자와 지분 없는자로 총 2인으로 설립 가능. 유한/유한책임/합명/합자회사의 경우 1인 이상 설립 가능
- **최저자본금**: 최저자본금 폐지로 100만원 이상 비용으로 법인 설립 가능

START UP

3부

어떻게
돈을 벌까요?

01 | 비즈니스 모델을 생각하자

　비즈니스 모델(Business Model)이란 1990년대 말 이후 인터넷, 정보기술의 발전으로 닷컴기업들이 출현하기 시작하면서 비즈니스 실무에서 확산된 개념이다. 인터넷 기업들은 전통적인 오프라인 기업과 비교해 가치와 수익을 창출하는 방식이 근본적으로 다르기 때문에 이러한 차이를 비즈니스 모델이라는 용어를 사용하여 설명했다. 비즈니스 모델이란 수익을 창출하는 기업의 기초적인 설계도이며 어떤 제품이나 서비스를 고객에게 어떤 방식으로 판매할 것인가를 정리해 놓은 것으로 흔히 BM이라고 줄여서 말하기도 한다. 비즈니스 모델은 시장에서 기업이 고객에게 어떤 가치를 제공하여 이익을 창출하는가를 설명할 수 있어야 함과 동시에 고객 가치를 창출하기 위한 기업의 내부 역량과 외부 환경을 결합한 독특한 사업 시스템이어야 한다.

비즈니스 모델에 대해 마이클 라파 교수는 기업이 가치사슬상에서 어느 위치에 속하는가를 명시함으로써 매출을 발생시킬 수 있는 방법을 보여주는 것이라고 했고 비즈니스 모델 '캔버스'를 만들어 유명해진 스위스의 컨설턴트 알렉산더 오스터왈더(Alexander Osterwalder)는 한 조직체에서 어떻게 고객 가치를 창출하고 전달하고 수익원을 확보하는지에 대한 합리적인 방안이라고 설명했다. 결국 비즈니스 모델은 돈을 버는 메커니즘으로 돈을 벌기 위하여 사업의 다양한 구성요소와 프로세스를 포함하여 사업을 구체적으로 계획하는 것을 말한다.

비즈니스 모델이 경쟁력을 갖추기 위해서는 경쟁력 요소(명확한

◐ 오스터왈더가 만든 캔버스 모델은 한 장의 캔버스에 비즈니스 모델의 핵심 구성요소를 담고 여기에서 고객가치 창출 과정을 도식화하는 방식이다.

가치제안, 수익 메커니즘), 지속성 요소(선순환 구조, 모방 불가능성)가 있어야
한다. **명확한 가치제안**은 제품이나 서비스 자체를 말하는 것이 아
니라 고객의 관점에서 문제를 해결하고 니즈(Needs)를 충족시킬 수
있는 해결방안을 제공한다는 것이다. **수익 메커니즘**은 기업이 비
즈니스를 통해 수익을 발생시키고, 이윤을 내며, 투자 자본에 대해
높은 수익을 낼 수 있는 방법을 의미한다. **선순환 구조**는 고객들
의 니즈는 시장의 급격한 변화에 따라 고객의 가치도 빠르게 변화
되기 때문에 기업은 이에 발 빠르게 대응할 수 있도록 내부 가치
사슬 활동과 외부기업을 포함하는 가치 네트워크의 효과적인 설
계를 구축하는 것이 중요하다. **모방 불가능성**은 기업이 지속적으
로 경쟁우위를 갖는 비즈니스 모델을 구축하기 위해서는 타 기업
이 우리의 비즈니스 모델을 모방하는 것을 전략적으로 차단할 수
있는 방어전략 구축이 필요하다는 것이다. 그래서 특허와 같은 지
적 재산권 관리가 중요하다.

스타트업은 비즈니스 모델을 지속적으로 혁신하기 위해 고객
가치 차별화에 기반한 수익을 창출하고 효율적인 운영구조를 통
해 비용을 줄이며 그 잉여자원으로 재투자를 하여 고객 가치를
재창출해야 한다. 비즈니스 모델을 구축하기 위해서는 어떻게 만
들 것이냐와 어떻게 팔 것이냐가 가장 큰 문제가 되는데 목표 고
객을 선정하여 그 고객이 불편해하는 점이나 요구사항을 해결할
수 있는 가치를 창출하고 적합한 방법으로 전달하는 것이 최우선
과제가 된다.

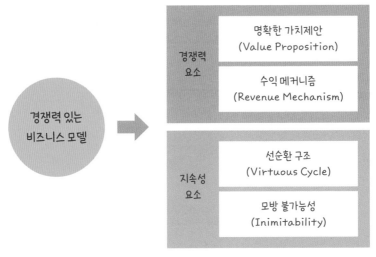

경쟁력 있는 비즈니스 모델 →

경쟁력 요소
- 명확한 가치제안 (Value Proposition)
- 수익 메커니즘 (Revenue Mechanism)

지속성 요소
- 선순환 구조 (Virtuous Cycle)
- 모방 불가능성 (Inimitability)

출처: 김진수,최종인 외, 기술창업론, 탑북스, 2015

● 수익 모델 바로 알기

비즈니스 모델을 구성하는 여러 요소들 중에서 가장 핵심이 되는 것은 스타트업이 생존하기 위해 필요한 수익 모델이다. 많은 사람들이 비즈니스 모델과 수익 모델을 혼동하여 사용하는데 수익 모델이 비즈니스 모델의 부분집합 정도로 생각하면 되겠다. 수익 모델은 수익원을 기반으로 고객을 정의하고 어떤 가치를 어떤 가격으로 제공할 것인지를 정리한 경제적 가치 창출 메커니즘이다. 대표적인 수익 모델에는 물품 판매 가입비 또는 이용료, 라이센싱, 중개수수료, 대여료/임대료, 광고 등이 있는데 두세 개의 모델을 섞거나 파생 비즈니스 모델이 나올 수 있지만 기업의 수익 모델이 이 6가지를 벗어나는 경우는 거의 없다고 한다. 스타트업은 창업 초기부터 성장단계별 비즈니스 모델 특히 수익 모델을 구축하여 지속적으로 테스트를 하면서 돈을 벌 수 있는 구조를 만들어야 한다.

● 수익 모델별 대표적인 사례

대표적인 수익 모델	예시
물품 판매	스마트폰, 자동차 판매, 동대문 의류 판매
가입비와 이용료	인터넷 서비스 가입, 핸드폰 요금, 쿠팡 와우
라이선싱	게임 IP, 카카오 프렌즈, 퀄컴 통신 기술
중개수수료	부동산 중개, 플랫폼 중개, O2O 서비스 중개
대여료/임대료	건물, 렌탈 사업(자동차, 정수기, 안마의자 등)
광고	TV, 신문, 잡지, 인터넷 매체 광고, 어플리케이션 광고

1. **물품 판매** - 가장 오래되고 보편화된 수익 모델로 제품, 서비스, 데이터 등을 판매하는 것을 말한다. 사업자가 직접 생산하여 B2B(기업간 거래)나 B2C(기업 대 소비자 거래) 방식으로 판매하는 방식과 생산자나 도매업자로부터 구매하여 다음 단계의 수요자(구매자)에게 판매하는 방식으로 구분된다. 우리가 매일 이용하는 식당이나 카페도 결국 원재료를 사 와서 가공하여 되파는 모델을 활용하고 있는 것이다. 과거에는 대부분의 제품이 생산자-도매업자-소매

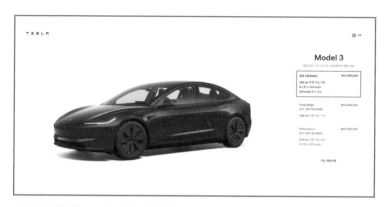

◎ 테슬라 자동차는 중개업자를 거치지 않고 홈페이지를 통해 D2C 방식으로 직접 구매가 가능하다.

업자-구매자라는 일련의 과정을 거쳐 유통이 되었으나 최근에는 D2C(Direct to Customer) 개념이 확산되면서 생산자가 직접 고객에게 판매하는 방식이 활성화되고 있다. 애플이나 삼성전자의 스마트폰 제조 및 판매, 테슬라의 전기차 생산 및 판매, 이동통신사들의 데이터 판매 등이 대표적인 사례이다.

　　2. **가입비와 이용료** - 가입비는 어떤 모임에 가입하거나 유료 서비스를 처음 이용할 때 돈을 내는 것을 말한다. 가입비의 대표적인 예로는 보험, 결혼중개서비스, 인터넷 서비스 가입비 등이 있다. 이용료는 어떤 서비스를 일정기간 사용하기 위해 지불하는 비용으로 전기요금, 수도요금처럼 사용한 만큼만 내는 방식과 일정기간 사용료를 내고 쓰는 방식 등이 있다. 최근 늘어나고 있는 구

독 서비스도 대표적인 이용료 모델인데 멜론, 벅스, 넷플릭스, 아마존 프라임, 유튜브 프리미엄, 쿠팡 와우, 네이버 플러스와 같은 상품들이 있다.

3. 라이선싱 - 지식 재산권(Intellectual Property Rights) 또는 지적 재산권은 인간의 창조적 활동 또는 경험 등을 통해 창출하거나 발견한 지식, 정보, 기술이나 표현, 표시 그밖에 무형적인 것으로서 재산적 가치가 실현될 수 있는 지적창작물에 부여된 재산에 관한 권리를 말한다. 캐릭터, 기술, 특허, 브랜드 등에 대한 권한을 빌려주고 돈을 받는 방식이다. 카카오 프렌즈의 캐릭터 사업, 퀄컴의 기술 특허, 게임사들의 IP사업 등이 대표적이다.

● 자사의 IP를 타사에 대여해 주거나 컬래버레이션을 통해 시너지 효과를 추구하는 경우를 흔히 볼 수 있다. 사진은 인기 게임과 애니메이션의 컬래버레이션.

저작물의 분류
- **어문저작물** - 말과 글로 표현된 저작물. 시, 소설, 수필, 각본, 논문, 강연, 설교 등
- **음악저작물** - 음에 의해 표현된 저작물. 악보 없이 직접 연주하거나 부른 노래 등
- **연극저작물** - 연극이나 무용, 뮤지컬 등과 같이 동작으로 표

현되는 저작물

- **미술저작물** - 선과 모양, 색채로 표현된 저작물. 보통 회화, 디자인, 서예, 조각, 공예 등
- **건축저작물** - 건축물 또는 건축을 위한 모형이나 설계도가 건축저작물로 보호되는 저작물
- **사진저작물** - 피사체를 선택하고 배치하며, 사진 찍는 위치를 조절하고 조도 및 촬영 속도를 선택함으로써 창작적인 표현을 한 것에 저작권을 인정
- **영상저작물** - 서로 연결되는 연속적인 영상으로 표현되는 저작물. 영화나 광고, 비디오 게임의 영상 등이 모두 영상저작물로 보호
- **도형저작물** - 지도, 도표, 설계도, 약도, 모형, 그 밖의 도형으로 표현된 저작물
- **컴퓨터프로그램 저작물** - 특정한 결과를 얻기 위해서 컴퓨터 내에서 직접 또는 간접으로 사용되는 일련의 지시나 명령으로 표현되는 저작물
- **2차적저작물** - 원래 있던 저작물을 번역, 편곡, 각색하거나 영상으로 제작하는 등의 방법으로 새롭게 재창작한 저작물
- **편집저작물** - 원래 있던 저작물이나 부호, 문자, 음성, 음향, 영상, 그 밖의 자료 등 소재들을 묶어 놓은 것을 편집물이라고 하는데, 이러한 편집물 중 소재의 선택이나 배열 또는 구성에 창작성이 있는 것을 편집저작물이라고 함

4. 중개수수료 – 구매자와 판매자를 연결시켜주고 거래 성사에 대한 수수료를 받는 모델이다. 대부분의 플랫폼 사업자들은 중개 수수료를 비즈니스 모델로 하고 있다. 대표적인 예로는 아마존, 11번가, 무신사와 같은 이커머스 플랫폼이 있고 청소, 이사, 아이 돌보미 등을 연결시켜 주고 수수료를 받는 O2O(Offline to Online) 사업자, 매수인과 매도인을 연결시켜주는 부동산 중개소 등이 있다. 수수료는 업종에 따라 다른데 온라인 플랫폼의 경우 대략 5~20% 수준이며 부동산의 경우에만 거래 금액이 크기 때문에 0.5% 수준에서 협의하여 결정된다.

5. 대여료/임대료 – 제품이나 공간을 빌려주고 돈을 받는 모델이다. 과거에는 비디오 테이프를 빌려주고 돈을 받는 비디오 대여점이 성행했으나 인터넷의 발달로 역사 속으로 사라졌다. 요즘에는 홈쇼핑에서 많이 볼 수 있는 각종 렌탈 사업(자동차, 정수기, 안마의자, 에어컨, 냉장고 등)과 건물의 임대료가 대표적인 사례이다. 쏘카와 같은 차량 공유 서비스나 에어비앤비와 같은 숙박 플랫폼 역시 단기간 자동차나 숙소를 빌리고 돈을 지불하는 측면에서 대여료라고 볼 수 있다.

6. 광고 – 매체에서 시청률, 구독자, 가입자 수, 트래픽 등을 기반으로 일정 지면을 할애하여 광고를 노출하고 돈을 받는 방식이다. 방송국은 시청률에 따라, 신문사나 잡지사는 구독자 수에 따

라 광고 매출이 발생하고 네이버, 카카오와 같은 대형 인터넷 포털 사업자들도 이메일, 카페, 블로그, 뉴스 등의 서비스를 무료로 제공하는 대신 이런 서비스에서 발생하는 막대한 트래픽을 기반으로 광고주 영업을 하여 수익을 발생시킨다. 비슷한 맥락으로 동영상 플랫폼 유튜브는 조회 수를 기반으로 영상에 광고를 삽입하여 수익을 창출하는 모델을 도입하고 있다. 최근에는 쿠팡이나 11번가와 같은 이커머스 업체들도 제품을 검색했을 때 노출되는 광고 상품을 도입했고 배달의민족과 같은 앱들도 배달 음식점이 상단에 노출되기 위해 광고 상품을 구매하도록 유도하고 있다.

02 | 사업계획서는 어떻게 작성할까?

사업계획서는 창업 아이디어를 실행 가능하도록 구체적인 계획으로 문서화한 것을 말한다. 사업계획서를 작성하면 신규 사업의 타당성을 다양한 각도에서 체계적으로 점검하고 사업화 과정에서 나타날 수 있는 다양한 변수를 분석함으로써 장애요인을 제거하고 리스크를 줄일 수 있다. 또한 신규 사업을 진행하는 상황에서 추진 일정을 계획대로 진행할 수 있게 되어 비용을 절감할 수 있고 실제 프로젝트 진행 시 프로젝트 추진 상황을 관리하고 평가할 수 있는 핵심 자료로 활용할 수 있다. 사업계획서는 개인의 생각이 아닌 객관화된 자료가 중요하며 항상 자료의 근거나 출처를 밝혀야 한다. 사업계획서는 한번 작성했다고 끝나는 것이 아니라 빠르게 변화하는 시장 상황과 고객의 변화, 기술이나 트렌드의 변화에 맞게 지속적으로 수정, 보완되어야 한다.

사업계획서는 경영기획이나 마케팅, 신규사업 등을 위한 내부용과 투자자나 주주들을 위한 외부용으로 구분될 수 있는데 용도에 따라 문서의 구성, 목차, 강조 포인트를 다르게 해야 한다. 특히 투자유치를 위한 사업계획서에는 창업 아이디어의 우수성, 제품이나 서비스의 특징이나 기술력, 창업자와 창업팀의

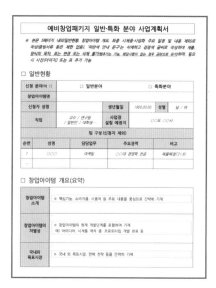

○ 사업계획서는 투자를 유치하는 데 있어 무엇보다도 중요하다.

역량, 사업의 성장성, 수익성, 투자금 회수 가능성 등을 나타내어 투자자들에게 어필할 수 있어야 한다. 또한 같은 투자유치를 위한 사업계획서라도 정부지원사업의 경우에는 정부 가이드라인에 충실하게 작성하면서 고용창출이나 사회적 가치의 창출에 대한 내용이 들어가면 좋고 엔젤투자자나 엑셀러레이터와 같은 초기 투자자들에게는 창업 아이템의 가설 검증, 생존 가능성, 경영진의 능력과 신뢰성 등을 중심으로 작성해야 한다. 벤처캐피탈과 같은 기관 투자자용으로는 지속성장 가능성, BEP(손익분기점) 달성 가능성, 해외 진출 가능성, IPO(상장) 또는 매각과 같은 자본 회수 가능성 등을 중심으로 나타내야 한다. 일반적인 사업계획서의 목차는

아래와 같은데 목적에 맞게 순서나 구성 등을 수정하여 사용하면
되겠다.

● 투자유치를 위한 사업계획서 목차

1. 제품 및 서비스의 특징 - 회사가 보유하고 있는 제품, 서비스,
기술 등을 구체적으로 설명해야 한다. 특히 고객의 페인 포인트가
무엇이고 이를 어떻게 해결할 것인가에 중점을 둬야 한다. 고객의
입장에서 새로운 제품이나 서비스가 주는 장점과 단점을 주의 깊
게 분석하고 고객의 이익을 어떻게 극대화할 것인가에 대한 고객
가치(Customer Value)를 명확하게 설명하며 고객의 시간, 돈, 노력을
어떻게 줄일 수 있는지를 수치로 보여주면 더욱 좋다. 기술력을 입
증하기 위해 특허 출원 신청 중인 것과 보유 중인 것을 구분하여
설명하고 현재 개발 중이라면 제품이나 서비스가 어느 단계까지
개발되어 있는지, 언제 상용화되는지를 설명해야 한다. 끝으로 제
품이나 서비스가 고객에게 전달되기 위해서 해결해야 할 기술적,
제도적, 법적, 관습적(소비자 행동적), 제휴적(타 업체와의 연계 필요), 사회
여론적(문화적) 장애 요인들을 서술하고 해결방안을 제시해야 한다.

2. 시장 및 산업 현황 - 투자자들은 시장규모가 큰 것을 선호한
다. 회사가치의 급격한 증가는 시장이 큰 잠재력을 가진 경우에만
가능하기 때문이다. 시장규모에 대한 예측은 매우 중요하며 어떤

요소가 시장의 성장에 영향을 미치는지를 분석해야 한다. 시장규모는 고객의 수, 단위 당 판매, 매출액 등의 숫자로 표시되어야 하고 시장을 세분화하여 어떤 고객층을 대상으로 하고 있는지를 분명히 제시해야 한다.

시장을 세분화하는 방법은 여러 가지가 있을 수 있으나 각 세분화된 시장의 고객 수와 구매력을 측정할 수 있어야 하고 각 세분화된 고객의 행동 양식을 측정할 수 있어야 하며 각 세분화된 고객은 동일한 마케팅 전략으로 공략할 수 있어야 한다. 참고로 배달의민족은 초기 고객 타깃이 '강남에 혼자 사는 20대 초반의 남성'으로 매우 세분화된 시장부터 공략하였고 그 다음에 확장 전략을 취하면서 전국으로 확대되었다. 시장이나 산업에 대한 분석은 증권사 자료 또는 검증된 보고서를 활용하는 것이 좋으며 출처를 꼭 밝혀야 한다.

3. 경쟁사 현황 - 타깃 고객, 고객 가치, 기술력, 가격, 속도, 편의성, 매출액, 시장점유율, 유통 채널 등의 비교 항목을 선정하여 이미 시장에 진입해 있는 경쟁사 대비 차별화 요소를 강조해야 한다. 경쟁사의 강점과 약점을 분석하고 비교하여 경쟁우위 요소를 어떻게 활용하고 유지할 것인가를 고려해야 한다. 가끔 경쟁자가 없다고 우쭐대는 창업자들이 있는데 경쟁자가 없다는 것은 그만큼 시장이 크지 않거나 검증되지 않았다는 것을 의미하기에 투자자들이 별로 좋아하지 않으니 참고하기 바란다.

4. 비즈니스 모델 - 제품이나 서비스의 프로세스, 매출과 비용의 흐름 등을 도표식으로 표기한 것이다. 앞장에서 설명한 수익 모델 중 선택하여 구체적으로 정리해야 한다. 성장 단계별로 비즈니스 모델을 정리하는 것도 좋은데 중요한 포인트는 지속 가능한 성장이 되어야 한다는 점이다. 제품이나 서비스의 평균 판매 단가를 정리하고 가격 전략을 어떻게 할지 알려주면 좋다.

- 판매(Sales): 대부분의 커머스 모델
- 사용량(Usage): 클라우드 서비스, 전기, 수도 등
- 구독서비스(Subscription): 음원, 영상, 멤버십 등
- 임대(Rent): 부동산, 고가 장비, 기계 등
- 라이선스(Licensing): 저작물, 지적재산권 등
- 중개수수료(Brokerage): 광고대행, 플랫폼, 각종 거래대행 등
- 부분유료화(In-app Purchase): 모바일 콘텐츠, 게임 등
- 광고(Advertising): 온오프라인 매체, 커뮤니티, 소셜 등

5. 창업 이후 현재까지의 실적 - 창업 이후 최근까지의 매출, 영업이익과 같은 재무 실적과 다운로드, MAU(Monthly Active User), DAU(Daily Active User), 재구매율, 재방문율 등과 같은 사업 실적을 말한다. 재무 실적은 지난 3년간의 재무제표를 보여주는 것이 가장 확실하고 없다면 내부 회계자료를 정리하여 수치로 제시해야 한다. 사업실적은 고객에 대한 실적 외에 거래처, 제휴 현황 등을 추가하면 좋다.

6. **마케팅 & 영업 전략** - 기술력만 좋다고 고객들이 찾아오지 않는다. 우리 제품이나 서비스를 고객들에게 알리기 위해 다양한 마케팅 캠페인과 영업 활동을 해야 한다. 기존 고객을 유지하고 신규 고객을 유치하기 위한 전략과 고객 유치 비용에 대한 설명이 들어가야 한다. 특히 1명의 고객을 획득하는 데 드는 비용 CAC(Customer Acquisition Cost)와 획득한 고객 1명이 벌어주는 매출 LTV(Life Time Value), 광고비 대비 매출을 의미하는 ROAS(Return on Advertising Spending)와의 상관관계를 보여주면 좋다. 또한 향후 마케팅 및 영업 전략을 서술하고 플랫폼 사업자라면 공급자와 수요자를 개별적으로 어떻게 확보할 것인지도 정리해야 한다.

7. **향후 계획** - 향후 계획에는 앞으로는 기술 개발 계획, 핵심 인력의 확보, 마케팅 계획, 해외 진출 계획, 신규 사업 계획 등이 포함된다. 향후 3년 정도의 계획을 분기 단위로 현실성 있게 구체적으로 수립함으로써 사업을 진행함에 있어 상호 연관된 문제들을 동시에 고려할 수 있고 발생 가능한 리스크를 최소화할 수 있다. 유사용어로는 마일스톤(Milestone), 타임라인(Timeline), 로드맵(Roadmap) 등이 있다.

8. **재무 계획** - 재무 계획은 사업계획서의 다른 모든 요소를 종합하여 사업이 어느 정도의 수익성을 갖고 있는지를 수치로 나타낸 것이다. 사업 추진에 필요한 자금조달 규모를 예측하고 기업의

가치를 측정하는 데 기본자료로 활용된다. 사업수행에 필요한 단계별 자금 규모와 자금 조달 계획, 향후 3년 정도의 추정 재무제표, 구체적인 자금사용 계획, 계획하고 있는 주요 Deal Term(투자유치, 매각, 상장, 인수 등의 주요 이벤트) 등의 내용이 포함된다. 모든 숫자는 합리적인 가정에 근거해야 하고 팩트가 아니라 추정치라면 예상 또는 가정임을 표기해야 한다. 재무 계획은 현금흐름표, 손익계산서, 대차대조표 외에도 현금흐름이 플러스가 되는 시점까지의 상세한 데이터가 포함되면 더욱 좋다.

9. 핵심 구성원 이력 - 대표이사를 포함하여 공동창업자 또는 주요 경영진의 이력, 경력, 학력, 실적 등을 표기한다. 해당 사업 관련 과거 경험, 전문성, 과거 창업 이력과 성공 경험, 기존 조직에서 신규시장 창출 경험 등이 있으면 좋다. 공동창업자 간의 R&R(Role & Responsibility, 역할과 책임)을 명확히 정리하고 우리가 왜 이 일을 잘할 수밖에 없는지 우리가 왜 대한민국 최고인지 알려주면 좋다. 다만 어벤져스라는 표현은 식상하므로 꼭 필요한 경우가 아니면 자제하도록 하자.

10. 주주현황 - 주주명부와 기존 투자 내역을 연도별로 정리해야 한다. 주주명부에는 주주의 이름과 보유 주식 수, 지분율 등이 표기되어야 하며 기존 투자 내역에는 각 시리즈별로 투자 금액과 기업의 밸류를 표기해야 한다.

11. 투자를 받고자 하는 금액과 사용처 - 이번 라운드에서 받고 싶은 투자 금액과 투자금에 대한 구체적인 사용 목적을 정리해야 한다. 투자금 사용처는 구체적일수록 신뢰도가 높아진다. 일반적으로 지분의 희석을 감안하여 회사의 밸류 대비 20% 정도의 투자를 받기 때문에 만약 5억 원의 투자를 받으려면 회사의 가치가 최소 25억 원에서 50억 원 정도가 된다는 암묵적인 합의가 있어야 한다.

12. 회사의 일반적 개요 및 조직도 - 회사명, 설립일, 연혁, 홈페이지, 대표이사, 주소, 자본금, 업종, 주요 제품 등 회사의 일반적인 현황이다. 추가로 회사가 어떤 구조로 이루어져 있고 어떤 부서가 있으며 몇 명이 일하고 있는지 조직도를 그려서 알려주면 좋다.

13. 부가자료(Appendix) - 앞의 목차에서 다루지 못한 회사에 대해 어필하고 싶은 내용 모두를 포함한다. 페이지 번호를 기억했다가 질문이 나오면 바로 이동할 수 있으면 좋다. 단, 아무리 부가자료라고 해도 사업계획서를 파일의 형태로 보낼 때에는 너무 많이 작성하지 말고 꼭 필요한 내용만 편집해서 보내는 것이 좋다.

03 | 어떻게 투자유치를 해야 할까?

우선 몇 가지 통계를 알아보자. 앞서 말한대로 2023년에 중소벤처기업부에서 발표한 자료에 따르면 국내 벤처, 스타트업은 약 3만 6천여 개가 된다. 벤처기업으로 등록되지 않은 스타트업을 감안하면 대략 4만 개 내외가 될 것으로 추정하고 있다. 그리고 스타트업얼라이언스가 발표한 자료에 따르면 투자 건수는 1,765건으로 총 투자금은 11조 1,404억 원이다.

위의 내용을 종합해 보면 결국 4만여 개의 스타트업 중에서 약 4.4%의 스타트업만이 투자를 받는다는 얘기가 된다. 참고로 전체 투자금액을 투자 받은 기업수로 나누어 1개의 기업 당 평균 투자금액을 산정해 보는 것은 큰 의미가 없다. 상위 3% 미만의 스타트업들이 투자금의 80% 이상을 가져가기 때문이다. 물론 투자유치

◉ 투자기관별 2021년, 2022년 투자실적 현황(단위: 억 원, %)

구분		2021년(비중)	2022년(비중)	증감	증감률
창업투자회사, 벤처투자조합(A)		76,802(45.1)	67,640(49.7)	△9,162	△11.9
그 외 조합(a)	신기술투자조합, 회사	82,569(48.5)	57,066(41.9)	△25,504	△30.9
	농림수산식품투자조합	1,504(0.9)	1,399(1.0)	△105	△7.0
정책 금융기관(b)	산업은행	7,322(4.3)	7,470(5.5)	+148	+2.0
	기업은행	1,075(0.6)	1,520(1.1)	+445	+41.4
	신용보증기금	591(0.3)	557(0.4)	△34	△5.8
	기술보증기금	394(0.2)	493(0.4)	+99	+25.1
소 계(a+b=B)		93,456(54.9)	68,505(50.3)	△24,951	△26.7
합계(A+B)		170,258(100.0)	136,145(100.0)	△34,113	△20.0

출처: 중소벤처기업부

를 받았다고 해서 성공했다는 것을 의미하지는 않지만 투자자들의 까다로운 투자 프로세스를 통과했다는 것이 얼마나 어렵고 대단한 일인지 이해할 필요가 있다.

　그렇다면 도대체 투자유치란 무엇일까? 투자유치의 사전적 정의를 보면 다음과 같다. 투자는 미래에 특정한 이득을 얻기 위하여 시간을 투입하거나 자본을 제공하는 것을 말하고 유치는 꾀어서 데려오거나 행사나 사업 따위를 이끌어 들임이라는 의미를 갖고 있다. 투자유치는 미래에 특정한 이득을 얻기 위하여 시간을 투입하거나, 자본을 제공하는 것을 말하는데 흔히 IR(Investor Relations)이라고 하며, 종종 자금 조달의 의미로 펀드레이징(Fundraising) 또는 펀딩(Funding) 이라고 쓰기도 한다. 전체적인 의미상으로 큰 차이는 없으니 상황에 맞게 적절하게 사용하면 되겠다. 스타트업 입장에서 투자유치는 더 큰 도약을 하기 위한 도전이며 선택이 될 것이다.

자금을 조달하는 방법에는 대출의 형태로 자금을 빌려 이자와 원금을 상환하는 부채금융(Debt Financing) 기업의 주식을 매각하여 자금을 조달하는 지분금융(Equity Financing)이 있다. 부채금융은 대출이나 주식연계 사채 발행과 같이 타인 자본(남의 돈)을 활용하는 방식인데 단기간에 자금조달이 가능하며 지분이 희석되지 않는다는 장점이 있는 반면, 이자나 원금을 제때 상환하지 못할 경우 차압이 들어올 수도 있고 최악의 경우 회사가 파산되거나 대표가 신용불량자가 될 수도 있다. 현실적으로 스타트업은 담보를 걸만한 것도 없고 대표이사의 신용도도 낮기 때문에 제1금융권 대출은 어렵다고 봐야 한다.

지분금융은 구주(기존 주식)를 팔거나 신주(새로운 주식)를 발행해서 진행하는 자기 자본(나의 주식)을 활용하는 방식이다. 구주 매각은 기존 주주가 갖고 있던 주식(지분)을 넘겨주는 방식으로 주식양수도계약만 체결하고 투자자는 주식에 대한 인수대금을 주주에게 지급하면 된다. 신주 발생은 새로운 주식을 발행하여 투자자에게 주식(지분)을 배정하는 방식으로 신주인수계약을 체결하고 투자자는 신주 대금을 회사로 입금하면 된다. 매월 이자를 내지 않아도 되고 사업적으로 도움이 되는 투자자를 만나는 경우 투자유치 이상의 도움을 받을 수 있는 장점이 있다. 스타트업 생태계에서 투자유치라는 말은 일반적으로 대출이 아니라 신주를 발행하여 자금을 조달하는 것을 말한다.

● 투자유치의 목적

창업이 실패로 끝나는 이유는 다양하다. 전문적이지 못한 창업팀과 창업자의 경영 미숙, 검증되지 않은 사업 아이템 또는 고객 가치 창출의 실패, 적절하지 못한 비즈니스 모델과 수익성 악화 등 너무 많은 이유가 있을 수 있다. 하지만 가장 결정적인 이유 1개를 뽑으라고 한다면 아마 자금이 부족하기 때문일 것이다. 기업에서 자금은 사람의 몸에서 혈액과 같아서 혈액이 제대로 돌지 않으면 사람이 살 수 없는 것과 같이 자금이 원활하게 공급되지 않으면 기업은 망할 수밖에 없다. 그렇기 때문에 매월 나가는 비용보다 매출이 적은 초기 스타트업들은 항상 자금 관리에 신경을 써야 한다. 스타트업에 투자유치가 필요한 이유는 다양하지만 주요 이유를 정리해 보면 다음과 같다.

첫째로 사업 성공에 필요한 자금 중 스스로 마련할 수 없는 부분을 안정적으로 공급하기 위해서이다. 일부 소수의 스타트업을 제외하고 대다수의 스타트업은 공동창업자들끼리 몇백만 원에서 몇천만 원 정도의 시드머니를 모아서 창업하게 되기 때문에 늘 자금 부족에 시달리게 된다. 요즘에는 인건비와 임대료가 너무 비싸져 두세 명만 채용해도 월 1천만 원은 쉽게 나가는게 현실이다. 스타트업은 사업을 확장할 때 자금이 많이 필요하기 때문에 적절한 시기에 적정한 수준의 자금이 확보되어야만 원활한 사업을 수행할 수 있다.

둘째, 점진적 성장이 아니라 폭발적 성장을 만들어 내기 위해서이다. 스타트업에서 가장 중요한 것은 속도를 전제로 하는 성장이다. 투자자들도 토스나 직방처럼 엄청나게 성장할 것으로 예상되는 스타트업에 투자하기 마련이다. 그렇기 때문에 스타트업은 장기간의 완만한 경사의 성장이 아니라 짧은 시간 안에 **제이커브**와

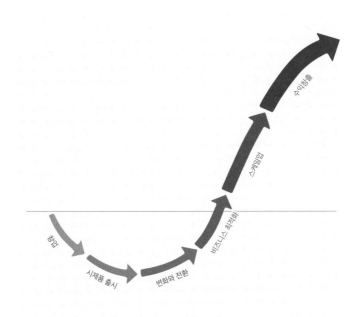

❍ 제이커브는 하워드 러브가 제시한 기업의 성공을 위한 6단계 모델이다.

같은 급격한 성장을 추구해야 한다. 심지어 미국 실리콘밸리에서는 스타트업이 월별로 30% 성장해야 투자를 받을 수 있다는 얘기까지 있다. 결국 짧은 시간안에 폭발적인 성장을 하기 위해서는 로켓의 연료탱크와 같은 자금이라는 추진력이 있어야 한다.

셋째, 우수한 인재를 확보하기 위해서이다. 역량있는 좋은 인재를 확보하기 위해서는 결국 현재 받고 있는 연봉 수준을 훨씬 뛰어넘는 급여 테이블을 제공하거나 유의미한 수준의 지분 또는 스톡옵션을 제시해야 한다. 또한 복지제도, 인센티브, 교육 프로그램, 사내동호회 등 요즘 MZ 세대들이 원하는 회사의 다양한 제도들이 있는데 이 또한 모두 비용이 발생할 수밖에 없은 프로그램이다. 최근 쿠팡 발 개발자 채용전쟁으로 인해 개발자 초봉이 6천만원 수준으로 올랐는데 이는 자금력이 부족한 작은 스타트업에서 감당하기 어려운 수준의 급여이다. 따라서 좋은 인재를 많이 확보하기 위해서는 그만큼 자금력이 동원되어야 한다.

넷째, 사업에 대한 검증은 되었고 마케팅에 집중하기 위해서이다. 자금이 부족하여 온라인 마케팅을 수십만 원 정도 집행하면서 효과가 없다고 중단하는 창업자들이 많은데 마케팅은 어떤 목표 지점에 도달하기까지, 원하는 수준의 효과를 달성하기까지 지속적이고 반복적으로 집행해야 하며 많은 사람들에게 노출이 되어야 한다. 특히 배달의민족이나 마켓컬리가 사업이 어느 정도 자리를 잡자 유승룡이나 전지현과 같은 연예인을 모델로 공중파 광고를 진행한 것과 같이 전 국민을 대상으로 브랜딩을 하기 위해서는 막대한 자금이 필요하다. 사람들이 특정 광고를 보고 서로 봤냐며 인구에 회자될만큼 노출이 되기 위해서는 매체비, 모델비, 광고 제작비 등을 포함해서 월 수십 억 원이 필요하다는 점을 직시해야 한다.

다섯째, 한국 시장에서 어느 정도 자리를 잡은 후 더 큰 성장을 위해 글로벌 진출을 하기 위해서이다. 아무리 한국 시장에서 1등을 한다고 하더라도 글로벌 시장에서의 점유율은 미비할 수밖에 없다. 스타트업은 끊임없이 성장을 추구해야 하기 때문에 한국에서 성장의 정체기가 오기 전에 해외 시장 공략을 준비해야 한다. 해외 시장 진출을 위한 교두보를 만드는 것은 너무 의미있는 일이지만 사실 사무실, 인력 채용, 마케팅 등 막대한 비용이 발생하기 때문에 회사의 존폐가 달린 리스크가 매우 높은 도전이 될 것이다. 그렇기 때문에 충분한 자금의 확보가 되어야만 해외 진출이 용이해진다.

끝으로 대외적인 회사의 이미지를 제고하기 위해 필요하다. 회사의 이미지가 좋아지면 고객, 임직원, 잠재적 투자자, 채용 등에 유리해진다. 필자 역시 창업 이후 5억 원의 엔젤투자를 받기 전 약 2년 가까이 아무리 채용공고를 내도 단 1명도 지원하지 않아 지인 기반으로만 채용을 했는데 투자유치 이후 언론매체를 통해 PR을 하고 난 뒤에는 지원자가 급격하게 늘어나는 경험을 한 적이 있다. 검증된 기관 투자자로부터 투자를 받았다는 것은 고객뿐만 아니라 잠재 지원자들에게 큰 신뢰를 줄 수 있는 일이다.

● 투자유치의 유형

투자유치의 유형은 크게 3가지로 분류할 수 있다. 첫번째는 바로 가족이나 지인들이다. 부모님이 창업 자금을 지원하는 사례도 있고 주변 친구들한테 십시일반 빌리거나 투자를 받아서 창업하기도 한다. 창업 초기에 투자하는 사람들은 FFF라고 표현하기도 하는데 가족(Family), 친구(Friends), 바보(Fool)의 약자로 그만큼 투자금을 회수하기 어렵고 바보 같은 짓이라는 미국식 유머가 섞여있는 듯하다. 잘못하면 가족이나 지인들과 금전적인 문제로 관계가 악화될 수 있으니 개인적으로 추천하지 않는 방법이다.

둘째로는 정부지원금 또는 정부정책자금 등이 있다. 요즘에는 예비창업자들한테도 지원금을 주는 예비창업패키지라는 프로그램이 있고 3년차 미만의 스타트업들에게 지원하는 초기창업패키지라는 것도 있다. 각 프로그램의 평균 지원금이 대략 5천만 원 수준이기 때문

○ K-STARTUP 홈페이지 QR코드.

에 창업 초기단계부터 전략적으로 준비를 한다면 대략 1억 원 정도의 정부지원금을 받으면서 사업을 시작할 수도 있다. 물론 경쟁률이 치열하여 그렇게 쉬운 일은 아니다. 그 뒤에도 창업 기간별로 다양한 정부 프로그램이 있으니 중소벤처기업부에서 운영하는 K-STARTUP을 참고하기 바란다.

끝으로 다음에 설명할 재무적 투자자 유형으로 여기에는 개인

엔젤투자자부터 액셀러레이터, 벤처캐피탈, CVC(Company Venture Capital), 금융회사 등 다양한 종류가 있다. 각 주체마다 투자 유형, 투자 분야, 투자 목적, 투자 금액 등이 다르기 때문에 미리 알아두는 것이 좋다.

● 재무적 투자자

1. 엔젤투자자(Angel Investor)

엔젤투자자라는 용어는 미국 뉴햄프셔대 윌리엄 베첼 교수가 처음 사용하였는데 초기 스타트업에 시드머니(Seed Money, 종자돈)를 투자해 주는 개인을 말한다. 일반적으로 수천만 원에서 최대 5억 원 미만의 투자를 많이 하며 여러 엔젤투자자가 모여 조합을 결정해 조직적으로 투자하기도 하고 본엔젤스처럼 투자회사를 만들어 전문적으로 투자하는 기관도 있다. 벤처캐피탈이 타인의 자본으로 펀드를 결성하는 반면, 엔젤투자자는 대부분 본인 개인의 자본으로 직접 투자한다. 2022년 6월 기준 한국엔젤투자협회에서 집계한 자료에 따르면 개인 투자자는 약 3만여 명, 엔젤클럽은 252개, 개인투자조합은 2,700여 개로 출자총액은 약 1.8조 원에 이른다. 엔젤투자자는 초기에 투자하는 만큼 긴 호흡을 갖고 기다리는 인내심이 필요하고 원금 손실의 가능성이 매우 크다는 점을 명심해야 한다.

● 한국엔젤투자협회 홈페이지 QR 코드.

2. 액셀러레이터(Accelerator, 창업기획자)

액셀러레이터는 투자를 전제로 프로그램을 운영하는 데 선발된 기업 중 일부에 후속 투자를 진행하기도 한다. 일반적으로 기업 가치를 5억 내외로 산정하며 5,000만 원 내외를 투자하고 지분을 7~10% 정도 가져간다.

◐ 초기투자액셀러레이터협회 홈페이지 QR코드.

액셀러레이션 프로그램에 참여하면 일정 기간(보통 6개월) 동안 창업 교육 프로그램 및 멘토링, 사무실 및 인프라 지원, 후속 투자 등을 통해 해당 스타트업의 비즈니스를 발전시킬 수 있는 기회를 얻게 된다. 기수별로 데모데이를 열어 국내외 주요 투자사들에게 소개하는 역할을 하기 때문에 이왕이면 인지도 있는 액셀러레이터 프로그램에 참여하는 것이 좋다. 2016년부터 공식 등록 관리제도 시행하고 있으며 2022년 7월 기준으로 115개 사가 운영 중이다.

3. 벤처캐피탈(Venture Capital)

벤처캐피탈은 기술은 있으나 자본과 경영능력이 부족한 스타트업에 지분 취득의 형식으로 투자하는 금융 회사를 말한다. 흔한 표현이지만 높은 위험부담(High Risk)을 감수하고 높은 자본이득(High Return)을 목적으로 한다. 기업의 현재 가치나 당장의 매출보다는 미래에 기업이 얼마

◐ 한국벤처캐피탈협회 홈페이지 QR코드.

나 커질지를 예상하고 투자를 하게 되는데 특히 창업자와 팀의 역량, 기술력, 성장 가능성 등을 위주로 기업의 가치를 평가한다. 쉽게 말해 현재 일정 금액의 자금을 투자하고 5년에서 7년 정도 뒤에 10배 정도의 수익을 바란다는 것이다. 2021년 기준으로 국내 벤처캐피탈은 197개사로 매년 증가하는 추세이다. 스타트업 투자를 활성화하기 위해 만든 신기술사업금융회사(여신금융협회)도 있는데 표면적으로는 벤처캐피탈과 유사하나 투자 금지 업종이나 투자 의무 등에서 벤처캐피탈에 비해 완화된 조건을 적용받는다.

벤처캐피탈도 회사이다. 일반적으로 매년 펀드 금액의 2% 정도를 운용보수로 받고 펀드의 성과가 좋을 때 그에 상응하는 보너스로 원금을 상환한 수익의 20% 수준을 받는다. 투자한 기업이 잘 되어야 벤처캐피탈도 돈을 벌기 때문에 기업가치 증대에 적극 참여하고 능동적으로 지원한다. 투자한 회사가 예상대로 성과가 나올 경우 다음 라운드 투자유치를 할 때 후속투자를 하기도 한다. 벤처캐피탈은 정부정책자금, 연기금, 금융기관, 대기업 등으로부터 출자를 받아 펀드를 만들어 스타트업에 투자하게 된다. 여기에서 자금을 출자하는 곳을 LP(Limited Partner, 유한책임조합원)라 하고 벤처캐피탈을 GP(General Partner, 업무집행조합원)라고 한다. 결국 LP와 GP가 자금을 출자하여 펀드(조합)를 만들고 그 펀드를 통해서 투자하고 회수하는 것이다. 우리나라의 대표적인 LP에는 모태펀드(중소벤처기업부, 문화체육관광부, 과학기술정보통신부 등 중앙부처), 국민연금, 교직원공제회 등이 있다.

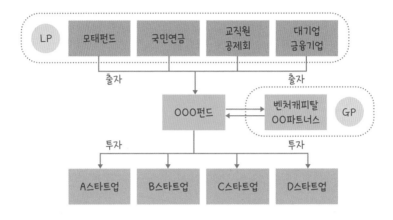

벤처투자구조의 이해

| LP | 모태펀드 | 국민연금 | 교직원
공제회 | 대기업
금융기업 |

출자 ← | → 출자

OOO펀드 ↔ 벤처캐피탈
OO파트너스 | GP

투자 ← | → 투자

| A스타트업 | B스타트업 | C스타트업 | D스타트업 |

● 전략적 투자자

앞에서 열거한 투자자들은 모두 FI(Financial Investors, 재무적 투자자)이다. 재무적 투자에서 가장 중요한 요소 2가지는 회사의 성장과 투자금의 회수이다. 회사가 성장하더라도 비상장 상태에 머무른다면 투자의 회수를 위하여서는 주식을 매각할 수밖에 없기 때문에 IPO나 M&A에 적극적으로 대응하도록 요구한다. 특히 FI가 보유하고 있는 펀드는 존속기간이 정해져 있기 때문에 그 안에 투자금 회수가 되기를 바란다. 반면 SI(Strategic Investors, 전략적 투자자)는 주로 대기업이 사업의 확장과 개발, 리스크 축소, 사업 시너지 창출 등을 위해 스타트업에 투자하는 것을 말한다. 정해진 투자회수 시기가 없기 때문에 투자의 회수보다 전략적 사업 제휴나 협력에 더 관심을 갖는다. 예를 들어 SI 투자자의 서비스를 우선적으로 사용할 것, 회사의 서비스 또는 제품을 SI 투자자에게 우선적으로 공급할 것, 회사의 서비스와 SI 투자자의 서비스를 연동시킬 것 등의 조건이 포함되는 식이다. 추후 인수 또는 합병을 고려하여 전략적 투자를 하기도 하는데 이런 경우에는 서로 불편한 상황이 발생하지 않도록 사전에 협의를 해야 한다.

● 벤처캐피탈을 통한 일반적인 투자유치 프로세스

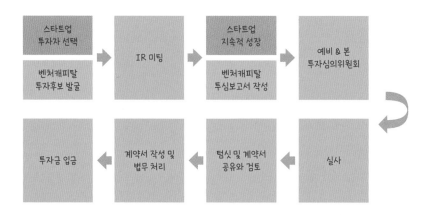

재무적 투자자이든 전략적 투자자이든 폭발적으로 성장하고 있는 시장에서 해당 사업을 누구보다 잘 해낼 수 있는 강력한 창업 팀이 확실한 기술력과 고객가치로 유의미한 성과를 보여줄 때 투자를 결정하게 된다. 특히 투자사의 관심 분야이거나 펀드의 성

○ 고객이 불편함을 느끼는 페인 포인트를 빨리 파악해서 해결하는 것이 사업 성공의 기본이 된다.

격에 부합할 경우에는 더더욱 빠른 결정을 할 수 있다. 기존 시장에서 고객의 페인 포인트를 해결하고 부가가치를 올릴 수 있는가? 혁신적인 기술과 아이디어로 기존에 없는 시장을 만드는가? 시장의 규모와 성장 속도는 어떠한가? 경영진의 전문성, 이력, 경력, 학력, 실패 경험 등과 절실함, 열정, 투지 등은 사업에 적합한가 등을 종합적으로 분석한다. 다음은 일반적인 벤처캐피탈에서 투자유치를 결정하는 과정이니 참고하기 바란다.

1. 스타트업의 투자자 컨택 및 벤처캐피탈의 투자대상업체 발굴

1차 미팅을 하기 전의 단계로 스타트업은 투자자를 만나기 위해 다양한 방법으로 컨택을 해야 하고 벤처캐피탈 역시 다양한 루트를 통해 투자 후보 스타트업을 만나기 위해 노력하는 과정이다. 일반적으로 지인을 통해 많이 소개가 이루어지지만 스타트업 관련 매체를 통해서 정보를 얻고 먼저 연락이 오기도 한다. 스타트업은 투자협회나 투자자 홈페이지, 스타트업 관련 데모데이나 지인 등을 통해 지속적으로 투자자를 만나기 위한 노력을 해야 한다.

2. IR 미팅

스타트업과 투자자가 처음 대면하는 자리로 보통 1시간 내외 소요가 된다. 투자자가 회사로 찾아오기도 하고 스타트업 대표가 투자자 회사로 찾아가기도 한다. 미팅을 한번 했다고 해서 투자 결정이 바로 되는 일은 없다. 수개월 동안 지속적으로 만나고 연락하면서 스타트업이 계획한 대로 지속적인 성장을 하는지 확인하는 과정을 거치게 된다. 그런 과정에서 회사의 밸류와 투자유치 금액 등에 대한 정보가 자연스럽게 협의된다.

3. 투자심의보고서 작성(벤처캐피탈)

스타트업이 지속적인 성장을 한다면 벤처캐피탈의 심사역은 내부 보고를 위해 투자심의보고서를 작성하게 된다. 기존에 전달받은 스타트업의 IR 자료의 진위여부를 시작으로 산업, 시장, 경쟁자, 정부 정책 및 규제, 해외 동향, 잠재 리스크 등을 종합적으로 분석하게 되며 자료를 작성하는 동안 수십, 수백 개의 질문을 할 수 있다. 그러한 과정을 거치면서 사업의 합리성, 논리성, 정합성, 미래 성장 가능성 등을 종합적으로 분석하고 투자 가능성 여부를 타진하게 된다.

4. 예비 & 본 투자심의위원회

투자심의위원회를 줄여서 투심이라고 부르기도 한다. 투심은 벤처캐피탈에서 투자 결정을 하는 사람들이 모여 최종 결정을 하는 자리로 투자 프로세스에서 가장 중요한 과정이 되겠다. 회사마다 투심에 참여한 심의위원들이 만장일치를 해야 한다거나 2/3 이상이 찬성을 해야 한다는 식의 내부 기준이 있다.

5. 실사

투자심의위원회에서 통과를 하면 실사를 받게 된다. 실사에는 2가지가 있는데 벤처캐피탈에서 지정한 검증된 회계법인에서 진행하는 회계실사와 회사의 성과나 자산 등을 검증하기 위해 벤처캐피탈에서 진행하는 현장실사가 있다. 회계실사 결과는 투자 적격, 투자 보류, 투자 부적격 이렇게 3가지로 나오게 되는데 만약 투자 부적격 결과가 나오게 되면 아무리 벤처캐피탈에서 투자를 하고 싶어도 못하게 되니 회계실사를 진행함에 있어 어떤 거짓도 없이 성실하게 임해야 한다. 실사를 진행할 때 요청하는 서류는 일반적으로 아래와 같다.

- **일반 서류** - 사업자등록증, 정관, 법인등기부등본, 벤처기업

확인서, 주총 및 이사회 의사록

- **재무/회계 관련** – 재무제표, 부채 현황, 통장, 세금완납증명서, 부가세신고서, 세무조정계산서 등
- **투자 관련** – 주주명부, 기존 투자계약서, 주주간 합의서, 스톡옵션 부여 명세서 등
- **조직 관련** – 조직도, 인사 계약서, 급여체계, 4대보험 가입 서류 등
- **사업 관련** – 적합한 인허가 조건, 협업 계약서, 외주 계약서 등
- **지식재산권 관련** – 상표권, 특허 등록 및 출원 현황, 프로그램 소스 코드 등 저작권
- **기타** – 현재 소송중인 안건의 유무, 규제로 인한 사업중단 가능성에 대한 변호사 의견 등

6. 텀싯(Term Sheet)과 계약서 검토

텀싯은 계약서를 작성하기에 앞서 계약의 주요 내용(기업의 가치, 투자금액, 주식의 종류, 투자금 납입일 등)을 1장~2장으로 요약한 것이다. 계약서를 작성하기 앞서 계약의 주요 사항에 대하여 미리 검토하는 것이다. 계약서는 일반적으로 벤처캐피탈에서 표준계약서를 보내주는데 스타트업 입장에서 불리한 조건들이 들어가 있는 경우도 많으니 꼼꼼하게 검토해야 한다. 가능하다면 법률전문가의 도움을 받는 것을 추천한다.

7. 계약서 작성 및 법무 처리

양사간에 계약서 검토가 끝이 나고 서로 요청한 수정사항이 반영되면 투자계약서를 작성하게 된다. 계약을 하는 주체는 투자조합, 스타트업, 스타트업의 주요 이해관계자 3자간의 계약을 하게 된다. 여기에서 말하는 이해관계자는 대표이사를 포함하여 주요 경영진 또는 공동창업자로 회사를 영위함에 있어서 없어서는 안 되는 사람들을 의미한다. 이해관계자는 협의된 기간동안 퇴사 금지와 경업(경쟁사로 이직 등) 금지 등의 계약 조건을 준수해야 하니 사전에 공유하고 합의가 되어야 한다.

8. 자금집행

계약서 검토가 끝나고 투자계약서를 작성하게 되면 보통 1개월 정도 뒤에 투자금이 입금된다. 투자금이 입금되면 잠시 기쁠 수 있지만 본 게임은 이제부터이다. 투자금을 활용하여 어떻게 성장시킬지 본격적으로 뛰어야할 차례이다.

● 투자유치 이후에 해야 할 일 3가지

투자유치를 받은 것은 대단하지만 그렇다고 투자유치가 성공을 전제하지는 않는다. 투자유치는 결과가 아니라 과정이며 성장을 위한 필수조건이지 충분조건이 아니다. 투자유치는 폭발적 성장을 만들어 내기 위해 총알을 장전하는 것이지 전쟁에서 승리한 것이 아니다. 그럼에도 불구하고 많은 스타트업들이 투자 이후 투자금을 잘못 활용하여 성장은커녕 폐업하는 경우를 많이 보게 된다. 그렇기 때문에 투자유치를 받는 것도 중요하지만 투자금이 입금된 이후가 더 중요하다고 볼 수 있다. 투자유치 이후에 해야 할 일은 가장 크게 세 가지라고 생각한다.

첫 번째는 폭발적 성장을 위한 전략과 전술을 짜고 그걸 달성하기 위해 투자금을 어떻게 써야 할지 할 수 있는 한 최대한 디테일하게 자금계획과 실행계획을 세우고 하나씩 실행해 나가는 것이다. 그리고 자금이 소진되기 최소 10개월 전에는 다음 라운드 투자유치 준비를 해야 한다. 그래야만 자금의 압박 없이 안정적으로 사업을 확장시킬 수 있다.

두 번째는 다양한 마케팅 전략을 통해 제품이나 서비스의 브랜딩을 강화하는 것이다. 기존에 검증된 데이터를 활용하여 마케팅 예산을 조금씩 늘려가면서 마케팅 예산의 증가분과 매출 증가분 사이의 상관관계나 임계점 등을 파악하면서 성장을 촉진시켜야 한다. 간혹 준비가 안된 상태에서 브랜딩을 하겠다고 버스광고나 TV 광고에 거액의 마케팅 예산을 집행하는 스타트업들이 있는데 이것은 빌딩 옥상에서 돈을 뿌리는 것과 유사하다. 잘못하면 진성 유저를 많이 확보하거나 매출을 올리지 못하고 투자금을 모두 사용할 수 있다.

끝으로 세 번째는 좋은 인재들을 채용하여 조직을 강화하는 것이다. 일은 결국 사람이 하는 것이다. 폭발적 성장을 위해서는

○ 적절한 보상은 회사 발전을 위해 필수적 요소이다.

각 분야에 뛰어난 인재들이 포진되어 전체 조직의 역량을 강화해
야 한다. 또한 금전적 보상(급여, 인센티브, 스톡옵션 등)과 비금전적 보상
(복지제도, 근무방식, 건강검진, 휴가 제도 등)을 잘 엮어서 직원들이 입사하
고 싶은 회사, 일하고 싶은 회사가 될 수 있도록 회사의 제도나 문
화를 만들어나가는 것이 필요하다.

● **스타트업의 투자 단계별 투자 금액과 기업의 가치**

투자유치 관련 뉴스를 보면 어떤 기업이 얼마의 가치로 시리
즈 A 또는 B 투자를 받았다는 소식을 쉽게 접할 수 있다. 시드 투
자, 시리즈 A, B, C 등에 정확한 기준은 없지만 국내 투자 시장에

◉ VC가 알려주는 스타트업 투자유치 전략

단계	투자 라운드	투자금액	기업가치
초기	시드	수천만 원~수억 원	~40억 원
	Pre 시리즈 A	5~15억 원	40~100억 원
중기	시리즈 A	20억~40억 원	100~250억 원
	시리즈 B	50억~150억 원	250~750억 원
후기	시리즈 C	수백억 원	750~1,500억 원
	시리즈 D, E, F PreIPO	수백억~수천억 원	수천억 원 이상

출처: 이태경

서 일반적으로 통용되는 대략적인 투자금액과 기업의 가치를 위와 같이 표로 정리하였는데 단계별 투자금액과 기업가치는 나라마다 다르니 참고하기 바란다.

04 | 기업은 어떻게 의사결정을 할까?

　드라마를 보면 이사회나 주주총회를 하는 모습이 종종 나온다. 신기하게도 한국 드라마에는 재벌이 많이 등장하는데 재벌들이 회사를 장악하거나 주인공이 위기를 이겨내고 회사의 경영권을 확보하는 과정에서 많이 등장한다. 앞으로 회사를 창업하여 대표이사가 되거나 기업의 임원으로 승진하여 이사회에 참여하게될 수도 있고 특정 기업에 주주로 참여하여 주주총회에 참석할 수있으니 아래 사항에 대해 미리 알아두면 좋겠다.

　주식회사의 의사결정은 이사회, 주주총회, 대표이사로 구성된다. 이사회는 3인 이상의 이사로 구성된 회의체로 회사의 경영 실무에 대한 의사결정을 주로 한다. 상법과 정관에서 주주총회의 권한으로 되어 있는 것을 제외한 업무집행에 관한 사항은 모두 이사회

◎ 2023년도 수원컨벤션센터에서 열린 삼성전자 정기 주주총회.

의 결의에 의해 이루어진다고 생각하면 된다. 원래 이사회의 소집
은 날짜를 정하고 1주일 전에 각 이사 및 감사에 대하여 통지를 발
송해야 하지만, 그 기간은 정관으로 단축할 수 있다. 또한 이사 및
감사 전원의 동의가 있을 때에는 소집절차를 생략할 수도 있다.

이사회의 결의는 이사 과반수의 출석과 출석이사의 과반수로
써 결정하되 정관으로 그 비율을 높게 정할 수 있다. 결의에 대한
당사자이거나 특별한 이해관계가 있는 이사는 의결권을 행사하지
못하며, 서면결의도 불가하다. 이사회를 개최하면 의사록을 작성
해야 하는데 의사록에는 의사의 안건, 경과 요령(개회, 제안·심의의 요
령, 의결방법 및 폐회 등), 그 결과, 반대하는 자와 그 반대 이유를 기재

하고 출석한 이사 및 감사가 기명날인 또는 서명하여야 한다. 참고로 기명날인은 성명을 기재하고 인장을 찍는 일을 말하는데, 이는 행위자의 동일성을 표시하는 수단이 된다.

주주총회는 주주 전원에 의하여 구성되고 회사의 기본조직과 경영에 관한 중요한 사항을 의결하는 필요적 기관이다. 주주총회는 형식상으로는 주식회사의 최고기관이며 총회가 결의할 수 있는 사항은 법령 또는 정관에 정하는 바에 한정된다. 주주총회는 결산기마다 정기적으로 개최하는 정기총회와 필요에 따라 수시로 개최하는 임시총회가 있다. 총회의 의사에 있어서는 의사록을 만들 필요가 있으며 이사는 본점 및 지점에 비치할 의무가 있다. 결의에는 다수결의 원칙을 취하며, 보통결의, 특별결의가 있다. 발행주식 총수의 3% 이상에 해당하는 주식을 가진 주주는 이사회에 서면으로 임시총회의 소집을 요구할 수 있다.

대표이사는 대외적으로 회사를 대표하며 대내적으로 업무집행을 담당하는 이사로서 회사의 필요적 기관이다. 대표이사는 원칙적으로 이사회의 결정에 의하여 이사 중에서 선임되지만 정관에 의하여 주주총회에서 직접 선임할 수도 있다. 1인이거나 여러 명이어도 무방하며 경우에 따라서는 여러 명의 대표이사가 공동으로 회사를 대표할 수도 있다. 대표이사의 자격에는 제한이 없고 이사의 자격 상실, 사임, 위임의 종료, 이사회나 주주총회의 해임 결의 등에 의하여 종료된다. 대표이사는 회사를 대표하여 영업에 관한 재판상 또는 재판 외의 모든 행위를 할 수 있다.

역학 관계를 보면 주주총회를 통해 이사회를 구성하는 이사를 선임 또는 해임할 수 있고 주주총회에서 선임된 이사들이 모여 이사회를 구성하며 이 중에 한 명이 대표이사로 선임되는 것이다. 결국 주주총회가 가장 상위의 의사결정 체계라고 볼 수 있다. 주식회사는 소유와 경영을 분리하고 있고 회사의 주식을 소유한 주주들이 상시로 회사의 중요 의사결정이나 실무에 참여할 수 없기 때문에 주주들을 대신하여 일할 임원들을 선임하게 된다. 그리고 선임된 임원들을 중심으로 이사회를 만들고 이사회를 대표하는 대표이사를 선출하여 회사의 방향성을 설정하고 실적과 가치를 올리며 조직을 관리하는 등 경영 전반을 책임지도록 한 것이다. 결국 이사회와 대표이사를 주주총회에서 컨트롤하도록 만든 시스템이라고 볼 수 있다.

통상적으로 이사의 숫자는 회사의 규모에 따라 달라지는데 자본금이 10억 원 미만의 경우에는 이사가 1명이면 되지만 자본금이 10억 원 이상인 회사는 이사 3명, 감사 1명이 필수적으로 있어야 한다. 감사는 말 그대로 이사 및 이사회가 제대로 일을 하는지, 업무상 배임이나 횡령 또는 그밖에 경영진의 도덕적 해이(모럴 해저드)가 없는지 감사하는 역할인데, 감사는 언제든지 이사회에 영업에 관한 보고를 요구하거나 회사의 재산상태를 조사할 수 있고, 정기주주총회 시에는 이사로부터 재무제표와 영업보고서를 제출받아 감사를 할 수 있다. 하지만 실제 기업 현장에 감사는 대부분 대표이사와 친분이 있는 사람들이 하게 되고 실질적인 감사나 견제나 외관상 형식적으로 구성을 맞추기 위해 등기만 하는 경우가 많다. 상법상 자본금 10억 미만의 스타트업은 감사를 두지 않을 수도 있다.

이사회와 주주총회의 중요한 차이가 있는데 이사회는 주식의 수가 아니라 사람의 수가 의사결정의 중요한 변수이고 주주총회는 사람의 수가 아니라 사람이 보유한 주식의 수에 따라 의사결정이 이루어진다. 쉽게 말해 이사회에서는 A 이사가 아무리 주식을 많이 보유하고 있어도 1표만 행사할 수 있고, 주주총회에서는 주식을 많이 보유한 사람이 가장 많은 투표권을 갖게 된다는 것이다. 이사에도 두 가지 종류가 있는데 실제 법인등기부등본에 이름이 올라가는 등기임원과 대내외 활동을 하기 위해 이사 직함을 다는 경우이다. 실제로 큰 회사일수록 등기임원보다는 승진의 개념으로 이사, 상무이사, 전무이사, 부사장 등의 직함을 활용하는 경우가 많이 있다.

스타트업, 반복에 지치지 않는
자가 성취한다

요즘 '루틴(Routine)'이라는 단어가 많이 쓰인다. 각종 자기 계발서와 미디어에 많이 등장하고 있고 유튜브의 동기부여 영상에도 많이 나오고 있다. 심지어 구글 홈 미니(AI 스피커)에도 루틴을 설정하는 기능이 있다. 루틴의 사전적 의미를 찾아보면 이렇다.

루틴(routine)

[명사] 일상, 틀에 박힌 일.
[명사] [컴퓨터] 특정한 작업을 실행하기 위한 일련의 명령. 프로그램의 일부 혹은 전부를 이르는 경우에 쓴다.
[명사] [체육] 운동선수들이 최고의 운동 수행 능력을 발휘하기 위하여 습관적으로 하는 동작이나 절차.

정리해 보면 무언가를 하기 위한 지속적이고 반복된 행동을 말한다. 일반적으로 루틴이라는 말은 따분하고 지루한 일, 판에 박힌 일, 반복되는 일상 등 부정적인 의미로 많이 사용되었다. 그래서 '루틴한 업무에 지친다', '루틴한 일상이 지겹다' 같은 식으로 쓰이고는 했다. 하지만 이 루틴이라는 단어가 재조명되면서 루틴을 잘 관리하는 것이 성공의 열쇠로 점차 인식되기 시작했다.

○ 창업한 지 불과 10여 년만에 한국 배달앱 1위에 등극한 배달의민족.

성공하는 사람들에게 그들만의 루틴이 있듯이 성공하는 스타트업에도 그들만의 지독한 루틴이 있다. 딜리버리히어로에 40억 달러에 피인수된 배달의민족(우아한형제들)은 초기에 김봉진 대표가 수개월 동안 하루 종일 돌아다니면서 전단지를 모으는 일만 했다는 유명한 일화가 있다. 골드만삭스 등으로부터 3,300억 원의 투자를 받은 직방은 초기에 원룸 매물을 확보하기 위해 안성우 대표를 포함한 전 직원이 매일 아침부터 하루 종일 방을 구하러 다녔다고 한다. 이런 작업은 혹한기에도 계속되었는데 직원 보호를 위해(?) 영하 15도 이하인 경우에만 매물 확보 작업을 하지 않았다는 얘기를 듣고 정말 대단하다는 생각을 했다. 1조 원 이상의 투자를 받고 토스뱅크를 포함하여 금융그룹으로 성장한 토스(비바리퍼블리카)의 이승건 대표도 초반에 8번의 사업 실패를 경험하였고 마지막이라는 생각으로 간편송금앱을 만들어 은행들과 제휴를 하며 반복된 업무를 계속해야만 했다.

이처럼 우리가 들어서 알만한 성공적인 스타트업들은 겉으로는 매우 화려해 보일지 모르나 그 이면에는 지독하리만큼 반복적인 루틴을 만들고 그것을 지켜왔다는 공통점이 있다. 스타트업이라는 것이 매우 창의적인 서비스나 제품을 만들거

나 늘 새로운 것을 추구하는 것 같아 보이지만 실제로는 고객의 문제를 해결하기 위해 저돌적으로 파고들고, 루틴을 만들어 매일매일 실행해야만 한다. 그러다 보니 스타트업 씬에 막연한 환상을 갖고 합류한 일부 사람들 중에는 다른 중소기업이나 대기업과 다를 바 없는 루틴함을 버티지 못하고 일찍 퇴사하는 경우도 많다.

복싱을 배우러 가면 처음에 줄넘기부터 시작한다. 개수로 세는 것이 아니라 3분씩 3라운드를 해야 한다. 아마추어 경기가 보통 3라운드로 진행되고 1라운드가 3분이기 때문에 워밍업 겸 체력을 키우기 위함이다. 뭔가 멋있는 포즈나 기술을 배우러 온 사람들에게 줄넘기는 너무도 보잘것없는 루틴이지만 이걸 할 수 있어야 기초 체력을 키우고 기술을 배울 수 있으며 시합에서 이길 수 있는 것이다.

내일도 아침에 눈 뜨면서부터 반복되는 일상이 기다리고 있을 것이다. '더 자고 싶다', '학교 가기 싫다'라는 생각을 이겨내는 과정부터가 루틴의 시작이다. 학교를 마치고 오면 게임과 유튜브, SNS 등 다양한 유혹이 우리의 루틴을 방해할 것이다. 그러다가 문득 다 그만두고 뭔가 새롭고 신선한 'Something New'를 찾고 싶은 생각도 들겠지만, 그럴 땐 이 말을 명심하길 바란다.

"반복에 지치지 않는 자가 성취한다."

START UP

성공과 실패

사실 성공한 기업이라는 표현이 다소 애매하고 기준이 모호한 부분이 있다. 어떤 사람들은 TV 광고를 많이 하는 기업들이 성공한 기업이라고 생각할 수도 있고, 어떤 사람들은 유명하지는 않지만 돈을 많이 버는 기업이 성공한 기업이라고 생각할 수도 있기 때문이다. 그래서 소위 성공한 스타트업을 말할 때에 사용하는 용어 중에 유니콘(Unicorn) 기업이라는 말이 있다. 비상장회사 중에서 기업가치가 1조 원 이상인 기업을 말하는데 아마도 성공적인 스타트업이라고 말할 수 있는 가장 객관적인 지표가 될 것이다.

대부분의 사람이 미디어를 통해 본 적이 있겠지만 유니콘은 이마에 뿔이 하나 달린 말처럼 생긴 전설 속의 동물을 말한다. 스타트업이 상장하기도 전에 기업 가치가 1조 원 이상 되는 것은 마치 유니콘처럼 상상 속에서나 존재할 수 있다는 의미로 사용되었다. 그만큼 유니콘 기업이 되기 어렵다는 것을 의미할 것이다. 유니콘이라는 단어는 2013년에 벤처 투자자인 에일린 리(Aileen Lee)가 처음 사용했다고 한다. 생각해 보면 불과 10년 남짓한 용어이다. 데카콘(Decacorn)이라는 용어도 있는데 이는 유니콘의 10배, 즉 기업가치가 10조 원 이상인 비상장 기업을 말한다. 데카콘 역시 머리에 10개의 뿔이 달린 상상 속의 동물이라고 한다. 2007년에 페이스북(현 메타)이 최초의 데카콘에 등극했고 그 뒤에 알리바바, 스냅, 드롭박스, 샤오미, 우버, 에어비앤비 등이 데카콘이 되었다. 아쉽게도 국내 기업은 아직 없다.

중소벤처기업부에서는 매년 유니콘 기업을 발표하는데 유니콘 기업 수는 창업 & 벤처 생태계의 확장을 보여주는 중요한 지표로 인식되고 있다. 2023년 2월 기준으로 중소벤처기업부가 선정한 국내 유니콘 기업은 22개 사로 역대 최다를 기록했다. 2021년 말 18개 사이던 국내 유니콘 기업은 2022년에 7개 사가 추가되고 3개 사는 상장, 인수&합병으로 졸업하면서 22개 사가 되었다. 새롭게 탄생한 유니콘 기업은 가상화폐 관련 기업 두나무(업비트)와 빗썸코리아(빗썸), 중고거래 플랫폼 당근마켓, 클라우드 서비스 기업 메가존클라우드, 숙박 O2O 서비스 여기어때컴퍼니, 신선식품 새벽배송기업 오아시스, 모바일게임 스튜디오 시프트업, 데이터 플랫폼 한국신용데이터로 각 분야에서 빠르게 성장한 스타트업들이다. 2017년에 3개 사에 불과했던 것에 비교하면 6년 만에 7배 정

◎ 2023년 기준 국내 유니콘 기업 리스트

분야	기업명	분야	기업명
핀테크	비바리퍼블리카	신선식품 배송	컬리
	두나무		오아시스
	빗썸코리아	빅데이터	아이에이지웍스
라이프스타일	옐로모바일	중고거래	당근마켓
	버킷플레이스	콘텐츠플랫폼	리디
패션/숙박	야놀자	클라우드	메가존클라우드
	여기어때	모바일 게임 스튜디오	시프트업
부동산	직방	데이터 및 무역	트릿지
패션	무신사	SaaS	한국신용데이터
코스메틱	지피클럽	전자상거래	위메프
	엘앤피코스메틱	비공개	

출처: 중소벤처기업부

도로 증가한 것이다. 참고로 기업과 투자자 활동에 대한 시장 정보를 제공하는 비즈니스 플랫폼 CB Insights의 2022년 보고서에 의하면 국내 유니콘 기업은 14개 사로 미국 488개, 중국 170개, 인도 55개 등에 이어 세계 10위 수준이다. CB Insights는 이와 별개로 매년 유망 인공지능 스타트업 100개 사를 선정해 발표하는데 흥미로운 사실은 여기에도 꾸준히 국내 스타트업이 올라간다는 것이다. 특히 트웰브랩스(생성형 영상 AI)는 2022년에 이어 2023년에도 2년 연속 선정되었다. 트웰브랩스 이외에 마키나락스, 팬텀 AI 등이 선정되어 인공지능 시대에 한국의 미래를 이끌어나갈 선봉장 역할을 하고 있다.

● 국내 대표 유니콘 기업 소개 (2024년 기준)

1. 토스

　토스는 2015년에 간편송금이라는 앱을 출시하면서 시작되었다. 기존에 은행 앱을 통해 송금을 하기 위해서는 공인인증서나 OTP(보안카드) 등이 필요했으며 여러 복잡한 과정을 거쳐야 했는

데 토스는 이런 점에 착안하여 상대방의 전화번호만 알아도 간편하게 송금할 수 있는 혁신적인 서비스를 만들었다. 현재 매월 1천 5백만 명 이상의 사람들이 사용하고 있으며 토스증권, 토스뱅크와 같은 서비스를 추가하여 종합 핀테크 회사로 성장하고 있다.

- 회사명: 비바리퍼블리카
- 대표이사: 이승건
- 직원 수: 약 1,500명
- 회원 수: 약 2,200만 명 / 월간 사용자 1,500만 명
- 주요 서비스: 토스뱅크, 토스증권, 토스페이먼츠, 토스인슈어런스, 토스플레이스
- 투자유치 금액: 1조 원 이상
- 주요 투자자: 알토스벤처스, 미래에셋증권, 엘앤에스벤처캐

피탈, 제스퍼릿지파트너스, 하베스트그로스캐피탈, 굿워터
캐피탈

2. 무신사

무신사는 '무진장 신발 사진 많은
곳'의 약자로 조만호 대표가 고등학생
시절인 2001년 포털 사이트 '프리챌'에
커뮤니티를 오픈하면서 시작하였다. 당
시 신발 매니아였던 조만호 대표가 한
국에서 구하기 힘든 희귀 운동화를 구

해서 사진과 정보를 올리면서 입소문이 나기 시작했고 그 영향
으로 다양한 연령대의 구매력 있는 회원들이 모여들기 시작했다.
그리고 커뮤니티 이용자가 점점 많아지자 2009년에 '무신사 스
토어'를 런칭하면서 온라인 패션 편집샵 사업에 진출했다. 무신사
에는 현재 6,000개 이상의 브랜드가 입점해 있고 월간 이용자가
1,200만 명에 달하는 국내 최대 규모의 패션 유통 플랫폼이 되
었다.

- 회사명: 주식회사 무신사
- 대표이사: 조만호
- 직원 수: 약 1,000명
- 회원 수: 900만 명 / 월간 사용자 1,200만 명 / 입점 브랜

드 6천여 개

- 주요 서비스: 무신사 스토어(온라인 플랫폼), 우신사(여성 전용몰), 무신사 스탠다드(자체 브랜드), 무신사 스튜디오(패션 전문 공유 오피스), 무신사 테라스(패션문화복합공간), 무신사 TV
- 투자유치 금액: 5,600억 원 이상
- 주요 투자자: 세콰이어캐피탈, IMM 인베스트먼트

3. 야놀자

야놀자는 2007년에 모델 중개 앱으로 시작하여 지금은 국내외 숙박부터 레저, 교통까지 여가와 관련된 모든 서

비스를 제공하는 여가 슈퍼앱이 되었다. 또한 단순 예약 서비스를 넘어 MRO˚ 사업이나 숙박시설에 대한 리모델링뿐만 아니라 호텔, 리조트 같은 여가 시설에 IT 솔루션을 납품하는 등 밸류체인의 A to Z를 확보하며 사세를 확장하고 있다. 대부분의 사람이 야

놀자에 대해 단순히 모델 예약 앱 정보로 알고 있지만 사실 전 세계 1위 클라우드 기반 호스피탈리티 솔루션 기업이기도 하다. 2019년 글로벌 PMS(객실 예약 관리 시스템) 분야 점유율 1위 기업인 이지테크노시스를 인수하면

Tip MRO

Maintenance(유지), Repair(보수), Operation(운영)의 약자로, 기업에서 제품 생산에 필수적인 직접 원자재를 제외한 소모성 자재와 간접자재를 의미하며 기업소모성자재 또는 기업운영자재라고도 한다.

서 숙박 예약뿐만 아니라 정보기술 서비스 회사를 보유함에 따라 수익 구조를 다각화하였다.

- 회사명: ㈜야놀자
- 대표이사: 이수진
- 직원 수: 약 1,600명 이상(국내외 포함)
- 특징: 전 세계 100만 개 이상의 숙소와 레저, 교통 서비스 예약
- 누적 다운로드 수: 4천만 건 이상
- 누적 가입자: 1,500만 명 이상
- 브랜드 호텔 수: 220개 이상
- 주요 사업: 여행, 레저 앱, 호스피탈리티 솔루션
- 투자유치 금액: 약 2조 원 이상
- 주요 투자자: 소프트뱅크, 싱가포르 투자청, 부킹 홀딩스, 아주IB, SBI인베스트먼트, 한화자산운용

4. 컬리(마켓컬리)

마켓컬리는 2015년에 세계 최초로 전날 밤까지 주문을 하면 다음 날 아침에 배송해 주는 샛별배송이라는 배송 서비스를 도입하면서 급속도로 성장한 회사이다. 기존의 쇼핑몰이나 이커머스 플랫폼은 업체마다 제품마다 조금씩 다르겠지만 결제하고 택배가 도착하기까지 보통 2~3일 정도가 소요되었다.

특히 신선식품은 다른 제품군에 비
해 쉽게 상하고 보관이나 배송이 어렵기
때문에 온라인으로 구매하는 것 자체가
불가능했다. 배송을 한다고 하더라도 별

도의 냉동창고나 냉장차와 같은 특수한 인프라가 필요하여 비용
이 많이 들기 때문에 기존 유통 업체들도 섣불리 진입하기가 어려
운 시장이었다. 이러한 상황에서 마켓컬리가 자체 물류 서비스인
샛별배송으로 신선한 제품을 새벽에 배송해 주는 비즈니스 시스
템과 유통구조의 혁신을 만들어 낸 것이다.

- 회사명: 주식회사 컬리
- 대표이사: 김슬아
- 직원 수: 약 2,600명
- 누적 회원 수: 약 8백만 명
- 투자유치 금액: 1조 원 이상
- 주요 투자자: DST글로벌, 힐하우스캐피탈, 세콰이어캐피털
  차이나, SK네트웍스, 트랜스링크캐피탈 등

5. 직방

직방은 2012년에 안성우 대표가 방을 구하려는 고객(1인 가구 또
는 대학생 등)과 공인중개사를 연결하는 부동산 중개 플랫폼으로 서
비스를 시작하였다. 동네 부동산을 통해 방을 구할 때 정보의 비

대칭성과 비효율이 너무 많고 온라인에는 허위매물이 너무 많다는 고객의 페인 포인트를 해결하고자 한 것이다. 현재는 호갱노노, 네모 등을 인수하여 원룸뿐만 아니라 빌라나 아파트부터 사무실, 상가까지 부동산의 모든 매물 데이터를 확보하고 서비스하고 있으며 지금까지 3천만 명의 사람들이 앱을 다운로드했고 매월 150만여 명이 사용하고 있다.

- 회사명: ㈜직방
- 대표이사: 안성우
- 직원 수: 약 320명
- 누적 다운로드 수: 3,000만
- 투자유치 금액: 3,285억 원
- 주요 투자자: 골드만삭스, 알토스벤처스, 블루런벤처스, 캡스톤파트너스 등

6. 버킷플레이스(오늘의집)

오늘의집을 운영하는 버킷플레이스는 죽기 전에 꼭 이뤄야 할 일의 목록을 뜻하는 '버킷 리스트'와 장소를 뜻하는 '플레이스'를 합친 말로, 꼭 한 번 살아보고 싶은 공간을 뜻한다. 버킷플레이스는 오늘의집 플랫폼을 통해 집안의 인테리어 정보를 한 번에 모아

서 볼 수 있고 마음에 드는 인테리어 사진
속 제품을 클릭하여 바로 구매할 수 있으
며 인테리어 공사를 원할 경우 검증된 인

테리어 전문가를 연결시켜 주는 원스톱 인테리어 플랫폼 서비스
이다. 현재 인테리어 콘텐츠는 약 900만 건에 달하며, 20~30대
사용자는 물론 40대 이상 사용자도 약 30%에 달할 정도로 널리
사랑받고 있다.

- 회사명: ㈜버킷플레이스
- 대표이사: 이승재
- 직원 수: 약 430명
- 누적 다운로드 수: 2,000만
- 인테리어 사례: 1,500만
- 누적 거래액: 2조 원 / 월 거래액 1,500억 원 이상
- 투자유치 금액: 3,230억 원
- 주요 투자자: 본드캐피털, IMM인베스트먼트, 미래에셋벤처
  투자, 네이버

지금까지 우리나라의 대표적인 유니콘 기업들을 소개했는데
대부분 천억 원 이상의 자금을 유치 해외 진출을 하거나 상장을
준비하고 있다. 창업 이후 매년 엄청난 성장을 해왔고 이제 그 결
실을 맺게되는 것이다. 하지만 유니콘 기업이 되었다고 해서 영원

한 성공을 보장하는 것은 아니다.

옐로모바일은 2013년 벤처 연합 모델로 세간의 관심을 받으며 승승장구했으나 지금은 세금까지 체납하고 3년 연속 감사의견을 거절당하는 등 사실상 공중분해 상태이다. 옐로모바일은 수천 억 대의 투자를 받았고 유망한 스타트업이나 중소기업의 지분을 맞교환하는 방식으로 단기간에 140여 개의 기업을 인수하면서 창업 2년 만에 기업가치 1조 원 이상을 기록했다. 인터넷 최저가 비교 서비스 쿠차와 모바일 콘텐츠 스타트업 피키캐스트를 비롯해 수십 개 스타트업이 뭉치면서 옐로모바일은 단기간에 몸집을 키웠다. 하지만 영광은 오래가지 않았다. 무분별한 사업 확장과 M&A 로 인해 비용이 증가하는 반면 인수한 회사들 간의 시너지가 발생하지 않았고 핵심 인력들이 이탈하면서 현재는 계열사들을 대부분 처분했거나 사업 정리 중이다.

고객, 경쟁 현황, 국내외 투자 현황 등이 시시각각 변화하기 때문에 6개월 뒤를 예측하기 어려운 것이 사업의 현실이다. 지금 유니콘 기업이라고 다시 조랑말이 되지 말란 법도 없고, 현재 조랑말이 1년 뒤에 유니콘 기업으로 등극할 수도 있다. 따라서 현재 유니콘 기업이라고 해서 현실에 안주하지 말고 지속적인 혁신을 통해 더 큰 가치를 만들어 내야 하고 아직 작은 스타트업이라고 해서 포기하거나 좌절하지 말고 유니콘 기업이 되기 위한 노력을 이어 나가야만 한다. 현재의 도전과 실패가 미래의 혁신과 성공을 만들어 낸다.

● 유니콘과 조랑말

필자가 만나 본 대부분의 스타트업 창업자들은 본인이나 창업 팀이 수년 이내에 유니콘 기업이 될 것이라고 얘기한다. 물론 이 정도의 자신감이나 욕망 없이 길고 긴 고통과 오욕의 순간을 이겨 내기 어렵겠지만 그런 욕망을 뒷받침하는 현실 감각 및 혼신의 힘을 다하는 노력과 성과가 있어야 한다고 생각한다. 한쪽 발을 우주로 내디디려 하더라도 최소한 다른 한쪽 발은 땅에 디디고 있어야 한다. 그만큼 현실을 직시해야 한다는 말이다. 현타(현실자각타임)도 능력이다.

지극히 개인적인 생각이지만 본인 또는 본인이 창업한 회사에 대해 과소평가하는 것보다 과대평가하는 것이 10배는 더 위험하다고 생각한다. 본인이 가진 능력에 비해 자신을 과소평가하는 사람들은 다소 자신감이 없어 보일 수 있지만, 매사에 겸손하고 조심하며 대체로 성실하다는 장점이 있다. 반면 본인을 과대평가하는 사람들은 자신감을 넘어 자만심으로 확대되고 겸손하지 못하고 다른 사람들을 무시하는 경향이 있다. 더 큰 문제는 본인의 머리나 역량을 너무 믿는 나머지 성실하지 않으며 막연하게 잘 될 것이라는 근거 없는 자신감을 갖고 있다는 것이다. 스타트업 대표들도 이렇게 두 부류의 사람들이 있다. 본인은 어디에 해당하는지 한번 생각해 보자.

통계적으로 유니콘 기업은 1만 개의 스타트업 중에서 1개가 나올까 말까 하는 수준이다. 이런 현실을 외면하고 막연히 본인은 유니콘이 될 수 있다고 생각하는 것은 다소 위험하다. 현재 이렇다 할 실적도 없고 투자유치도 제대로 못 받았는데 무작정 유니콘 기업이 되겠다고 하는 것은 하위권 성적의 학생이 공부도 열심히 안 하면서 좋은 대학을 가겠다고 하는 것과 유사하다. 유니콘이 되겠다는 포부로 호기롭게 시작하였으나 불과 2~3년 만에 성과도 못내고 투자도 받지 못해 본인이 조랑말이었다는 것을 깨닫고 좌절하고 포기하는 창업자들을 볼 때마다 정말로 안타까운 마음이 든다.

오늘도 수많은 스타트업들이 유니콘이 되는 것을 꿈꾸면서 불철주야 달리고 있을 것이다. 이런 사람들이 있기에 인류가 진보하고 국가가 발전한다고 생각한다. 하지만 시간이 된다면 먼 미래의 막연한 유니콘이 아니라 본인과 창업팀의 역량, 욕망의 크기, 산업과 시장의 규모와 특성, 노력의 강도, 참을 수 있는 인내의 기간, 법인 통장에 남은 금액 등 모든 총체적 상황을 고려하여 현실 7스푼, 욕망 3스푼 정도로 향후 3년에서 5년 정도를 설계해 보길 바란다. 그러면서 현실적인 목표를 세우고 차근차근 이루어나갈 수 있는 로드맵을 만들어 보자.

스타트업이 실패하는 이유는 스타트업의 숫자만큼 많을 수 있다. 스타트업이 속한 산업, 제품이나 서비스, 팀 구성원, 자금 상황 등 기업이 처한 상황이 모두 다를 것이기 때문이다. 톨스토이가 쓴 소설 『안나 카레니나』를 보면 '행복한 가정은 모두 비슷한 이유로 행복하지만 불행한 가정은 저마다의 이유로 불행하다'라는 글이 나오는데 비슷한 맥락으로 망하는 스타트업은 모두 저마다의 이유가 있다.

다음 페이지에 필자가 수많은 스타트업을 만나고 경험하면서 분석한 한국 스타트업들이 실패하는 가장 큰 이유 11가지를 정리해 두었으니 이런 문제가 발생하지 않도록 미리 대비하여 성공 가능성을 높이기 바란다.

1. 고객에게 충분한 가치를 제공하지 못함

한마디로 고객이 원하지 않는 것이다. 고객의 페인 포인트를 찾아내서 기존의 솔루션보다 압도적으로 좋은 제품이나 서비스를 만들어야만 하는데 많은 스타트업이 공급자(사업자) 마인드로 제품이나 서비스를 만들기 때문에 이런 상황이 발생하게 된다. 제품이나 서비스를 기획할 때부터 가능하면 많은 고객의 의견을 듣고 테스트를 하면서 가설을 검증해야 한다. 정말로 고객이 원하고, 고객에게 가치를 제공할 수 있어야 한다.

2. 자금조달의 실패

스타트업에게 자금은 사람 몸의 피와 같다. 스타트업뿐만 아니라 대기업들도 자금이 부족하면 살아남기 힘든 것이 현실이다. 피가 부족하면 살 수 없듯이 자금이 부족하면 기업은 직원들에게 급여도 줄 수 없고, 마케팅 활동도 할 수 없으며 무엇보다 더 좋은 제품이나 서비스를 개발할 수 없다. 회사의 성장에 맞춰 시드 투자, 엔젤투자, 시리즈 A, B, C 등의 단계로 적절한 시기에 투자유치를 받을 수 있어야 한다.

3. 아마추어팀

최고의 전문가들로 팀을 구성해도 성공을 보장받기 어려운 것이 사업이다. 사업의 성공을 위해 각 분야에서 전문성을 보유한 상보적 관계의 사람들이 모여야만 성과를 만들어 낼 수 있다. 비전문가, 지인 기반으로 모인 아마추어팀은 좋은 성과를 만들기 어렵다. 동네 조기축구회가 프리미어 리그의 프로 축구팀을 이길 수 없는 것과 같다.

4. 수익 모델의 부재

창업 초기부터 구체적인 비즈니스 모델을 수립하여 적용해야 한다. 사람이 많이 모이면 광고를 보여주거나 유료화해서 돈을 벌면 되겠지라는 생각은 이제 통하지 않는다. 고객에게 충분한 가치를 합리적인 가격으로 제공할 때 기업은 지속가능성 성장을 할 수 있다. 그러기 위해서는 성장단계별 수익 모델을 구축하여 지속적으로 테스트를 하면서 생존할 수 있는 구조를 만들어야 한다. 명확한 비즈니스 모델이 없다면 수백억 원을 투자받고도 망할 수밖에 없다.

5. 사용자 경험을 무시한 제품

요즘에는 UX(User Experience, 사용자 경험)라는 말을 많이 쓰는데 그만큼 고객의 사용성, 편의성 등을 중요하게 생각하게 되었다는 것이다. 회원가입 방법, 로그인 창의 위치, 비밀번호 찾기 및 재설정 방법, 주요 기능의 배열과 버튼의 위치, 결제 방식 등 모든 것이 사용자 경험이 된다. 사용자는 불편한 점이 있다면 바로 다른 제품으로 바꾸려고 하기 때문에 고객의 특성이나 취향에 맞게 사용자 친화적이고 UX를 고려한 제품을 만들어야 한다.

6. 차별화 전략의 부재

사업은 결국 수많은 경쟁자들과의 싸움에서 이겨야 하는 게임과 같다. 현재의 경쟁자뿐만 아니라 잠재 경쟁자까지 분석하여 그들이 하지 못하는 영역을 파고들어 고객을 확보해야 한다. 성능, 가격, 디자인, 사용성 또는 편의성, 속도, 만족감, 마케팅 역량 등 경쟁사 대비 차별화 전략을 갖고 있어야만 경쟁에서 살아남을 수 있다. 경쟁에 너무 집착해서도 안 되지만 경쟁자를 무시하거나 경쟁사 분석을 게을리하는 것은 매우 위험하다.

7. 마케팅 전략의 실패

많은 스타트업이 기술력은 있으나 마케팅을 잘 모르거나 무시하는 경우가 많다. 아무리 제품이나 서비스가 좋아도 사람들이 모르면 무슨 의미가 있겠는가? 제품을 출시하기 전부터 사전 마케팅 전략을 기획하여 타기팅한 고객에게 우리의 제품을 알려야 한다. 또한 자금력이 많지 않은 스타트업에서 마케팅을 잘못 집행하면 큰 낭패를 당하게 되기 때문에 마케팅에 대한 전문성과 노하우를 습득해야 한다.

8. 부적절한 사업 타이밍

사업은 너무 빨라도 안 되고 늦어서는 더더욱 안 된다. 시대와 고객에 비해 너무 빨리 출시된 제품들은 PDA(Personal Digital Assistant)나 이리듐 위성전화기처럼 극소수의 얼리어답터(early

adopter, 남들보다 신제품을 빨리 구매해서 사용해야 직성이 풀리는 소비자군, 선각수
용자)들만 쓰게 될 가능성이 크고, 너무 늦게 출시되면 이미 경쟁자
들이 시장을 선점하여 진입하기 어렵기 때문이다. 이와 관련해서
아래의 기술수용주기모형을 참고하면 도움이 될 것이다.

◎ 기술수용주기모형

초기시장	혁신수용자(Innovators)	신제품 선호 효용보다 혁신과 기술 자체에 관심이 많음
	선각수용자(Early Adopters)	신기술을 좋아하지만 기술 지상주의자는 아님 신기술에서 얻을 수 있는 이익을 다른 관심사와 연계시키기를 좋아함
중기시장	전기 다수 수용자(Early Majority)	실용적인 측면에서 접근 기술 수용주기상의 구매자 집단에서 1/3차지
	후기 다수 사용자(Later Majority)	신제품이 표준으로 자리잡기까지 기다림 대기업 제품 선호
후기시장	지각수용자(Laggards)	신기술과 관련된 어떤 것도 원하지 않음 마케팅 활동을 통해 계속적으로 설득할 필요 없음

출처: Design for 'Crossing the Chasm', Shah Mohammed

9. 가격 책정의 실패

가격은 항상 고객이 느끼는 가치보다 같거나 낮아야 하는데
그렇지 못한 경우가 많다. 고객들은 제품이나 서비스를 구매할 때
돈, 시간, 노력이라는 세 가지 화폐를 부담하게 되는데 이 세 개의
화폐를 줄여주는 쪽으로 의사결정을 하게 된다. 제품 기획 단계부

터 VIP 대상의 고품질 고가 전략인지, 아니면 저가 전략으로 박리다매를 추구할지 미리 고민해야 한다. 특히 요즘에는 고객들이 가성비, 가심비 등을 많이 따지기 때문에 제품의 속성과 고객의 특징에 따라 합리적인 가격 체계를 만들어야 한다.

10. 법적 문제(Legal challenges)

타다 사태, 헤이딜러, 로톡, 뮤직카우의 공통점이 무엇일까? 바로 법적인 문제 또는 기존에 기득권을 갖고 있는 집단과의 마찰로 서비스를 접었거나 많은 고전을 했던 스타트업이다. 소수의 멤버로 시작한 스타트업이 법적인 이슈로 정부의 규제를 받거나 소송을 당하게 되면 버틸 재간이 없다. 창업 아이템을 준비할 때부터 다양한 법적 리스크 및 기존 산업과의 마찰에 대해 면밀하게 검토를 하고 준비해야 한다.

11. 투자유치 이후 잘못된 결정

투자를 받는 것도 어렵지만 사실 유치 이후가 더욱 중요하다. 투자 받은 돈을 어떻게 집행하는가에 따라 다음 단계로 도약하느냐 아니면 역사 속으로 사라지느냐가 결정되기 때문이다. 투자유치는 결과가 아니라 과정이다. 다른 말로 하자면 성장과 도약을 위한 필수조건이지 충분조건이 아니다. 투자유치는 사업의 끝이 아니라 새로운 시작이며 폭발적 성장을 만들어 내기 위해 총알을 장전하는 것이지 전쟁에서 승리한 것이 아니다. 투자유치 이후에는 치밀한 전략과 실행계획을 세우고 효과적이면서도 보수적인 자금 집행을 하면서 맨파워 강화를 통해 폭발적 성장을 만들어 내는 노력이 필요하다.

참고로 기업과 투자자 활동에 대한 정보를 제공하는 세계적인 비즈니스 분석 플랫폼 CB Insights에서 「스타트업이 실패하는 주된 이유」 보고서를 발표했는데 다음 페이지에 정리해 두었으니 참고하길 바란다. (2021년 8월 기준)

스타트업이 실패하는 12가지 대표적 이유

현금부족 / 신규 자금조달 실패	38%
시장이 원하지 않는 제품과 서비스	35%
경쟁력 부족	20%
잘못된 비즈니스 모델	19%
규제 / 법적 이슈	18%
가격 / 비용 문제	15%
부적절한 팀 구성	14%
제품 출시 시점 오류	10%
품질이 좋지 않은 제품	8%
팀 / 투자자와의 불화	7%
잘못된 피벗팅	6%
번아웃 / 열정의 부족	5%

출처: CB Insights (중복 답변 허용)

03 | 스타트업의 엑싯(EXIT)

    스타트업 관계자라면 계단에 쓰여있는 EXIT라는 단어를 볼 때마다 비상구라는 개념보다 출구전략을 먼저 떠올릴 것이다. 스타트업에 있어서 엑싯이란 기업공개(IPO)나 인수합병(M&A) 등을 통해 투자자들이 투자한 자금을 회수하거나 창업자들이 구주 매각을 통해 보유 주식을 현금화하는 것을 말한다. 참고로 IPO(Initial Public Offering)란 비상장기업이 정해진 절차에 따라 일반 불특정 다수의 투자자들에게 새로 주식을 발행하거나 기존 주식을 매출하여 유가증권시장 또는 코스닥시장에 상장하는 것이다.

    엑싯을 하고 싶어 하는 창업자를 기업가정신이 부족한 사람으로 매도하는 경우도 있는데 창업자라고 땅 파서 장사하라는 말인가? 창업자는 흙 퍼먹고 살란 말인가? 창업자도 생활인이고 누군

가의 자식이며 한 집안의 가장이다. 지금은 대한민국 사람 모두가 알 만한 부동산 스타트업의 대표가 전세금을 만들기 위해 일부 구주를 엑싯한 경우처럼 탐욕에 눈이 멀어서가 아니라 먹고살기 위해서 엑싯을 하기도 한다. 그렇기 때문에 짧게는 3~5년, 길게는 5~7년 사이에 엑싯의 기회가 한 번쯤은 주어져야 한다. 물론 아무에게나 엑싯의 기회가 오는 것은 아니다. 폭발적인 성장세나 트래픽, 매출이나 영업이익 등이 담보되지 않으면 IPO는커녕 푼돈으로도 인수 제의가 들어오지 않을 것이다.

하지만 현실적으로 스타트업이 엑싯을 하는 것은 쉽지 않다. 중소벤처기업부에서 발표한 「2019년 창업기업 동향」에 따르면 매년 약 1만 개의 스타트업이 창업하고 그중에 72개만이 상장을 하게 된다. 우리가 일상생활에서 '만에 하나'라는 표현을 종종 쓰는데 만에 하나는 0.01%로 확률적으로 거의 일어나지 않는 일을 말한다. 스타트업의 IPO 확률이 0.7%이니 만에 하나보다는 살짝 높지만 어찌 되었든 불가능에 가까운 일이다. 그래서 IPO에 성공한 창업자들한테 전생에 나라를 구했다느니 3대가 덕을 쌓아야 한다는 등의 미사여구를 붙이는 것이다.

- 스타트업(기술창업) 창업 기업 수 - 매년 약 1만 개
- 2015년부터 2020년 기간 중 연평균 신규 상장기업 수 - 약 72개
- 스타트업 중에서 IPO를 통해 엑싯하는 비율 - 약 0.72%

우리나라의 스타트업들은 유가증권시장보다는 코스닥시장에 상장을 많이 하게 되는데 상장 기준은 아래와 같다. 몇 가지 트랙이 있는데 기술력은 있으나 매출이 약한 스타트업은 기술성장기업 트랙이 유리할 수 있고 유의미한 매출이 나오기 시작한다면 일반기업 트랙도 좋다. 뭐가 더 좋고 나쁨은 없다. 모로 가도 서울만 가면 된다.

아쉽게도 우리나라에서는 M&A가 활성화되어 있지 않아 엑싯 비율이 많이 떨어진다. 참고로 미국의 실리콘밸리에서는 스타트업의 약 26%가 엑싯에 성공하는데, 이 가운데 97%가 M&A를 통해 이루어진다고 한다. 하지만 이런 상황에서도 그 어려운 걸 해내는 국내 스타트업들이 있다. 2019년에 설립된 인공지능 스타트업 '수아랩'은 미국 나스닥 상장기업 코그넥스에 약 2,300억 원에 매각됐고 글로벌 영상 메신저 '아자르'를 운영하는 스타트업 하이퍼커넥트는 데이팅앱 '틴더' 운영사이자 미국 나스닥 상장사 매치그룹에 2조 원에 매각됐다. 배달의민족을 운영하는 우아한형제들은 독일 딜리버리히어로와 합병을 했는데 합병 발표 시 인정받은 최종 기업가치는 약 7조 6,800억 원이었다. 대기업, 빅테크 기업, 대

◉ 코스닥시장 상장요건

구분	일반기업(벤처 포함)		기술성장기업	
	수익성-매출액 기준	시장평가·성장성 기준	기술평가 특례	성장성 추천
주식분산 (택일)	1. 소액주주 500명 & 25% 이상, 청구후 공모 5% 이상(소액주주 25% 미만시 공모 10% 이상) 2. 자기자본 500억 이상, 소액주주 500명 이상, 청구후 공모 10% 이상 & 규모별 일정주식수 이상 3. 공모 25% 이상 & 소액주주 500명			
경영성과 및 시장평가 등(택일)	1. 법인세 차감 전 계속사업이익 20억 원(벤처: 10억 원) & 시총 90억 원 2. 법인세 차감 전 계속사업이익 20억 원(벤처: 10억 원) & 자기자본 30억원(벤처: 15억 원) 3. 법인세 차감 전 계속사업이익 있을 것 & 시총 200억원 & 매출액 100억 원(벤처: 50억 원) 4. 법인세 차감 전 계속사업이익 50억 원	1. 시총 500억 & 매출 30억 & 최근 2사업연도 평균 매출증가율 20% 이상 2. 시총 300억 & 매출액 100억 원 이상(벤처 50억 원) 3. 시총 500억 & PBR 200% 4. 시총 1,000억 원 5. 자기자본 250억 원	1. 자기자본 10억 원 2. 시가증액 90억 원 · 전문평가기관의 기술 등에 대한 평가를 받고 평가결과가 A-BBB등급 이상일 것	· 상장주선인이 성장성을 평가하여 추천한 중소기업일 것
감사의견	최근사업연도 적정			
경영투명성 (지배구조)	사외이사, 상근감사 충족			
기타 요건	주식양도 제한이 없을 것 등			

출처: 2023년 벤처기업정밀실태조사

형 스타트업들이 사업적인 시너지를 위해 스타트업을 인수하는 사례도 아래와 같이 점점 많아지고 있다.

- 카카오 - 패션쇼핑앱 지그재그, 라이브커머스 그립, 영어교육서비스 야나두, 웹소설 플랫폼 래디쉬, 웹툰 플랫폼 타파스미디어 인수

- 네이버 - 웹소설 플랫폼 문피아와 왓패드 인수
- 신세계그룹 - 패션쇼핑플랫폼 W.CONCEPT을 인수
- GS리테일 - 반려동물쇼핑플랫폼 펫프렌즈, 간편식 플랫폼 쿠캣마켓, 배달음식플랫폼 요기요 인수
- 롯데쇼핑 - 중고거래플랫폼 중고나라 인수
- 무신사 - 스타일쉐어, 29㎝ 인수
- 야놀자 - 호텔예약 플랫폼 데일리호텔, 웨이팅서비스 기업 나우버스킹 인수
- 직방 - 부동산 관련 스타트업인 호갱노노, 우주, 네모 인수

벤처캐피탈 업계에서는 불과 몇 년 전만 해도 창업자가 엑싯에 대해 운운하는 것이 그리 좋게 보이지 않았다고 한다. 창업을 했으면 무조건 IPO를 꿈꾸고 100년 이상 가는 기업을 만들겠다는 포부를 가져야 한다는 아주 불합리하고 시대착오적인 생각이 원인이었다. 요즘같이 급변하고 혁신적인 기술이나 기업이 많이 나오는 상황에선 100년 기업이라니 가당치도 않은 말이다. 네이버나 카카오는 물론이고 구글이나 아마존도 100년을 갈 수 있을지 불확실한 세상이다. 물론 최근에는 적정 시기에 적당한 밸류로 엑싯을 하는 것을 선호하는 투자자들이 많아지고 있어 다행이라고 생각한다. 엑싯도 전략적으로 해야 한다.

04 | 창업을 꿈꾸는 청소년들에게

이번 장에서는 스타트업이나 창업에 관심을 갖는 청소년들에게 선배 창업자로서 또는 인생 선배로서 당부하고 싶은 얘기를 하고자 한다. 잘못하면 꼰대의 잔소리나 '라떼는 말이야'로 들릴지도 모르겠지만, 우리 청소년들은 나와 같은 실수를 하지 않길 바라는 진실되고 절박한 마음을 닮았으니 색안경을 벗고 열린 마음으로 들어주길 바란다.

1. 선한 영향력을 행사하려면 영향력부터 가져라

경험상 어린 창업자일수록 단순히 돈을 추구하는 것보다 사회적 가치를 추구하는 사람들이 많다. 좋은 사회를 만들겠다는 순수한 마음도 있고, 아직 사회의 때가 덜 묻었기 때문일 수도 있다. 우리 사회가 성숙되고 발전하기 위해서는 꼭 필요한 사람들이라고 생각하고 진심으로 존경한다. 하지만 사회적 가치를 추구하는 많은 분들이 유의미한 성과를 만들어 내지 못하고 꿈을 제대로 펼치지 못한 채 힘들어하는 모습을 보면 안타까운 생각도 많이 든다. 사회적 가치에는 다양한 이슈들이 있다. 환경 문제, 인권 문제, 장애인을 포함한 사회적 약자 관련 문제, 노인 문제, 고용 문제 등 다양하다. 어느 것 하나 중요하지 않은 것이 없고, 해결하기 쉬운 것도 없다. 정부 차원에서도 해결하기 어려운데 자본이나 인프라도 없이 서너 명이 모여 만든 스타트업이 해결하는 것은 말 그대로 역부족이다. 그래서 겉멋이 아니라 진심으로 사회적 가치를 추구하겠다면 더욱 철저하게 준비를 해야 한다.

사회적 기업은 수익을 목표로 하지 않기 때문에 정부지원금만으로 기업을 운영하겠다는 것은 바람직하지 못하다고 생각한다. 기업으로서 매출과 같은 성과를 지속적으로 만들어내고 고용을 창출하고, 채용한 직원들에게 제때 급여를 따박따박 주고, 부모님과 지인들에게 부끄럽지 않은 회사를 만들어 내는 것이 진짜 사회적 가치가 아닐까 생각도 하게 된다. 또한 정부지원금도 결국 국민의 혈세에서 나오기 때문에 정부지원금만으로 기업을 운영하거나, 정부지원금까지 받았는데 제대로 된 기업을 만들지 못한다면 이것은 오히려 사회에 악영향을 끼치는 꼴이 된다. 오늘도 사회적 가치를 추구하는 많은 창업자들, 특히 사회에 선한 영향력을 행사하고 싶어 창업을 고민하는 청소년과 대학생들에게 부탁드린다. 선한 영향력을 행사하려면 영향력부터 가져라. 그 어떤 영향력도 없으면서 선한 영향력을 행사하겠다고 하는 것은 직원들 급여도 못 주면서 탄소중립을 외치고 가족들 먹고 살 돈도 없는데 기부를 하겠다는 것과 별반 다르지 않다. 인스타그램의 팔로워 수나 유튜브의 구독자 수도 중요하지만 진짜 현실 세계에서의 진짜 영향력을 가져라.

2. 창업 전에 철저하게 준비하라

앞서 계속 얘기했듯이 준비되지 않은 창업은 본인뿐만 아니라 주변 사람들까지 힘들게 한다. 목표를 이루고 행복하기 위해서 시작한 사업이 오히려 불행해지는 결과를 낳기도 한다. 따라서 나중에 창업을 하게 된다면 사전에 철저하게 준비해야 한다. 아직은 청소년이니 창업은 먼 나라 얘기 같겠지만 창업을 준비하기에 이른 시간은 없다. 모두가 알다시피 마이크로소프트의 창업자 빌 게이츠와 페이스북(현 메타)의 창업자 마크 저커버그는 대학교 때 중퇴하여 세계에서 가장 큰 회사를 만들었다. 이 말은 이미 청소년 시절부터 창업에 대한 마인드가 있었고 어느 정도 준비가 되어 있었다는 것을 의미하기도 한다. 준비된 사람만이 창업을 통해 성공할 수 있다.

옛말에 시작이 반이라는 말이 있는데 나는 사실 50%만 믿는다. 어떤 일이든지 시작하는 것이 어렵기 때문에 일단 한번 시도해 보자는 뜻으로 이해하지만 현실적으로 말하면 공부든 사업이든 시작은 시작일 뿐이다. 공부를 하기 위해 책상 앞에 앉았다고 성적이 갑자기 오를리가 없지 않은가? 똑같다. 사업도 시작은 시작일 뿐이며 그 이상도 그 이하도 아니다. 게다가 잘못된 시작은 엄청난 나쁜 결과를 초래할 수 있다. 창업은 쉽다. 창업 이후 회사를 유지하고 고객을 만족시키고 직원들에게 약속된 급여를 주고 지속적인 성장을 하는 것이 어려울 뿐이다. 준비된 자만이 기회가 왔을 때 잡을 수 있다고 한다. 창업 아이템을 선정하는 것부터 팀빌딩, 사업계획서 작성과 비즈니스 모델 수립, 마케팅과 영업 전략, 채용과 조직관리 끝으로 투자유치까지 창업에 필요한 많은 것들을 미리 공부하고 경험하면서 창업에 대한 성공 가능성을 높이기 바란다.

3. 각 분야에서 탑건이 되자

세계적으로 신드롬을 일으켰던 '탑건'이라는 영화가 있다. 실제 탑건의 의미는 '최고의 총잡이'라는 뜻으로 전투기의 접근전에 능한 파일럿에게 붙는 명칭이며 미해군 항공대 공중전 학교의 별칭이기도 하다.

여러분도 일하게 될 분야에서 탑건이 되어야 한다. 평범한 노력은 평범한 결과만을 가져온다. 그것이 학업이든 취업이든 창업이든 탑건이 되기 위해서는 강한 의지로 뼈를 깎는 노력을 해야만 한다. 그래야만 많은 사람들이 존경하고 따르게 되고 목표를 달성하며 원하는 바를 이룰 수 있다. 월터 베죠트가 이런 말을 했다.

인생에 있어서 가장 큰 기쁨은 '너는 그것을 할 수 없다'라고 사람들이 말하는 바로 그 일을 버젓이 성취하는 것이다.

4. 첫타석부터 홈런을 노리지 말자

수많은 고민 끝에 창업을 하고 수년간 고생해서 성과를 만들었다면 대기업이나 대형 IT 기업에서 인수 제안이 들어올 수도 있다. 어떤 형태로든 인수 제안이 들어왔다는 것은 해당 산업과 분야에서 일정 수준 이상의 성과를 만들어냈거나 뛰어난 기술력을 보유하였다는 것을 입증하는 것으로 자부심을 가질만한 일이라고 생각한다. 물론 앞서 설명한 애크 하이어는 조금 다른 콘셉트이긴 하지만 이런 경우에도 역시 창업팀이 그만큼 뛰어나다는 것을 말해준다. 최근 들어 우리나라에서도 인공지능, 로봇, 자율주행 같은 첨단 기술 분야에서 애크 하이어가 많아지고 있는데 인수 기업 입장에서는 짧은 시간에 기술력과 인재를 확보하면서 미래의 경쟁자를 사전에 제거하는 일석이조의 효과를 노릴 수 있고, 피인수 기업에서는 다시 안정적인 직장인이 되면서 기간 대비 꽤 높은 수익률로 엑싯을 함과 동시에 인수 기업의 인프라를 활용할 수 있다는 장점이 있다. 물론 빛이 있으면 어둠이 있듯이 단점도 많다는 것을 간과하면 안 된다.

어떤 형태로든 인수 제안이 들어오면 대부분의 창업자들은 선택의 기로에 서게 된다. 2004년에 창업한 페이스북(현 메타)이 2년 5개월 만에 야후로부터 10억 달러(약 1조 2천억 원)에 인수 제안을 받앉을 때 마크 저커버그가 이사회에서 단칼에 거절한 영화 같은 사례가 있으나 마크 저커버그 역시 인간이기에 아마도 이사회에 참여하기까지 고민이라는 것을 조금은 하지 않았을까 싶다. 창업자의 딜레마는 이렇다. 인수 제안을 받아들이고 큰 회사의 우산 속으로 들어갈 것인가 아니면 인수 제안을 거절하고 몇 년 좀 더 열심히 해서 기업가치를 수십 배 이상 키울 것인가? 많은 것을 희생하고 여기까지 왔는데 다시 직장인이 되는 게 싫기도 하고 너무 힘들어서 다시 직장인이 되고 싶을 수도 있다. 상장 또는 수조 원 이상의 회사를 만드는 것을 목표로 창업을 했는데 수십억 원에 인수되는 것이 꿈을 포기하는 것처럼 생각되기도 하고 수십억 원이라

◉ 20여 년이 지난 지금 저커버그는 야후가 당시 제시한 금액의 1천 배 이상의 성장을 이루어 냈다.

도 인수되는 게 다행이라고 생각할 수도 있다. 두 가지 선택지 모두 장단점이 극명하고 예측 불가능한 변수가 너무도 많기 때문에 논리적이고 현명한 의사결정을 하기 힘들다. 또한 인수 제안 금액이나 창업 기간, 인수 이후의 상황이 모두 다르기 때문에 어느 누구도 특정 선택지가 더 좋다고 함부로 말할 수 없다.

엑싯 금액이야 물론 거거익선이겠지만 개인의 욕망의 크기, 나이, 경험, 창업 기간 등에 따라 모두 다를 것이다. 하지만 첫 타석부터 너무 욕심을 부려 홈런만을 노리는 것은 다소 위험하다고 생각한다. 홈런을 치려고 욕심을 부리다가 삼진아웃을 당하기 쉽다. 통계적으로도 홈런왕이 삼진왕인 경우가 많다. 일단은 안타든 볼넷이든 살아서 나가는 것이 중요하다. 혹시 기대했던 금액이 아니어도 어딘가로부터 인수 제안이 온다면 긍정적으로 검토하는 것을 추천한다. 물론 수조 원의 회사를 만들거나 상장을 목표로 하는 것도 의미가 있지만 154쪽에서 언급한 대로 상장 비율이 0.7%라는 점을 명심하기 바란다. 대부분의 창업자들이 유니콘을 꿈꾸고 시작하지만 몇 년이 지나면 대부분 조랑말이라는 것을 깨닫고 많이 힘들어한다.

개인적으로 직방이 호갱노노를 인수한 것이 스타트업 월드에서 매우 좋은 사례라고 생각한다. 기업가치가 1조 원이 넘은 선배 스타트업이 후배 스타트업을 인수함으로써 선순환 구조를 만든 것이다. 카카오의 개발자로 근무하던 심상민 대표는 호갱노노를 창업한 지 1년 6개월 만에 230억 원에 직방에 인수되어 엑싯을 하였고 3년 간의 계약이 끝난 후 퇴사하여 다시 창업을 하였다. 인수 금액도 절대 적은 금액이 아니지만 기간 대비 수익률도 중요하다는 것을 말하고 싶다. 힘들게 10년 고생해서 인수된 것과 1년 6개월 만에 짧게 치고 빠지는 것은 완전히 다른 개념이다.

일단 1루타든 2루타든 출루(엑싯)를 하면 또 다른 세계가 열리게 된다. 큰 회사에 인수가 되었다면 그 회사의 인프라나 자본력, 뛰어난 인재들을 활용하여 더 좋은 제품이나 서비스를 만들 수 있고 해외 진출도 할 수 있게 된다. 혼자서는 절대로 할 수 없었던 대규모 딜(Deal)을 만들어낼 수도 있고 대기업들과 제휴를 할 수도 있다. 김기사나 지그재그가 카카오에 인수된 것도, 보스턴 다이내믹스가 현대차에 인수된 것도 모회사의 역량을 최대한 활용하여 미래 시장을 선점하기 위한 포석일 가능성이 크다.

대기업에 인수가 되었다면 자회사 대표나 임원급으로 합류하여 좀 더 큰 물에서 다양한 경험을 하고 좋은 인재들을 포섭하여 두 번째 타석에 들어가면 된다. 일단 첫 번째 엑싯으로 노후 준비는 어느 정도 해놓았으니 그렇게 조급해할 필요도 없다. 긴 호흡으로 좋은 멤버들과 차근차근 준비해서 이번에는 첫 타석보다 좀 더 큰 한 방을 노릴 수도 있다. 그러면서 연쇄 창업자가 되어가는 것이다. 기회는 자주 오지 않는다. 인수 제안은 살면서 한 번 올까 말까 한 기회이고 운 좋게 한 번 왔다면 두 번 다시 안 올 기회일 수도 있다. 일단 살아나가야 직원들 월급도 주고 성장도 하고 부자도 될 수 있다. 너무 욕심부리지 말고 일단 살아서 출루부터 하자.

5. 방법은 누구나 알지만 실현이 힘든 것이다

종종 스타트업 대표들을 만나 멘토링이나 컨설팅을 하다보면 스스로에게 너무 뻔한 얘기를 하고 있는 것은 아닌가 자문할 때가 있다. 대표님들은 마치 태어나서 처음 듣는 얘기인 듯 노트에 적어 가면서 열심히 들어주고 큰 도움이 되었다고 말씀을 해 주지만 정작 나는 뭔가 만족스럽지 못했다.

아마 오늘도 수많은 창업 멘토를 자칭하는 자들이나 유튜버들이 비슷한 얘기를 하고 있을 것이다. "고객의 가치를 창출해라." "비즈니스 모델을 구축해라." "사용자 경험을 극대화해라." "매출을 늘리고 비용을 아껴라." "최고의 인재를 뽑아라." "린스타트업을 해라." "적시에 투자를 받아라." "IR은 6개월 전부터 해라." 등등. 하지만 이 중에 실질적으로 도움되는 얘기는 많지 않다.

사실 검색을 하거나 책을 몇 권만 봐도 알 수 있는 얘기들이다. 좋은 대학에 가려면 국영수 위주로 열심히 예습, 복습하라고 얘기하는 것과 같은 맥락이다. 결국 멘토는 과외 선생의 역할일 뿐 공부는 학생(창업자)이 해야 한다. 과외 선생이 아무리 족집게 과외를 해도 학생이 그 문제를 풀지 않고 암기하지 않으면 성적이 오르기 어렵다. 학생의 성적을 올리지 못한 과외선생은 그만두면 끝이지만 학생에게는 인생이 달린 일이기 때문에 절박하고 필사적인 마음으로 공부해야 한다.

생각해 보면 성공하기 위한 방법은 간단하다. 그걸 해내는 게 어려울 뿐이다. 공부를 잘하려면 매일 일정 시간 이상의 문제 풀

기와 암기와 같은 노력을 해야 하고 좋은 회사에 취업하기 위해서는 영어 성적이나 회화 실력, 공모전 입상, 사회봉사와 다양한 경험 등의 스펙을 잘 쌓으면 된다. 10km 이상 뛸 수 있는 러너가 되려면 매일 꾸준히 달려야 하고, 축구를 잘 하려면 매일 드리블과 슛을 연습해야 한다. 모두의 숙제인 영어회화도 최소 하루 서너 시간씩 몇 년간 공부를 해야 외국인을 만났을 때 위축되지 않을 수 있다.

마찬가지로 창업을 해서 회사를 성장시키는 방법도 간단하다. 좋은 아이템을 찾아 최고의 인재를 모아 팀을 만들어 고객의 가치를 창출하고, 수익성을 기반으로 한 비즈니스 모델을 구축하고 사용자 경험을 극대화함과 동시에 매출을 늘리고 비용을 아끼면서 적절한 타이밍에 투자유치를 하면 된다. 입이 아니라 행동으로 직접 해내는 게 어려울 뿐이다.

6. 젊은 꼰대가 되지 말자

꼰대는 본래 아버지나 교사 등 나이 많은 사람을 가리켜 학생이나 청소년들이 쓰던 은어였는데 근래에는 자기의 구태의연한 사고방식을 타인에게 강요하는 이른바 꼰대질을 하는 직장 상사나 나이 많은 사람을 가리키는 말로 변형된 속어이다. 대기업과 스타트업에서 20년 가까이 일을 하다 보니 기업 내부의 꼰대에는 두 가지 유형이 있다는 것을 알게 되었다. 첫 번째 유형은 우리가 흔히 말하는 4050 세대 또는 부장급 이상의 나이 든 꼰대로 경험과 연차가 꽤 되는 사람들이다. 이런 사람들은 주로 대기업이나 중소기업, 공기업 등에 많이 자리를 잡고 있는데 미디어에 자주 나오는 대표 어록이 참 많다.

- 라떼는 말이야~~
- 내가 다 해봐서 아는데~~
- 요즘 애들은 말이야~~
- 왕년에는 말이지~~
- 기분 나빠하지 말고 들어~~
- 내가 누군지 알아?
- 내가 ooo와 친한데 말이지~~

두 번째 유형은 의외로 젊은 세대인데 본인이 창업을 하였거나 초기에 합류하여 임원을 오래 한 케이스로 일명 젊은 꼰대들이다. 이런 사람들은 보통 스타트업 생태계에 많이 서식하고 있다. 자신의 경험이나 노하우도 미천하면서 마치 그것이 정답인양 충고하며 가르치고, 직원들에게 자유롭게 의견을 내라면서 결국 본인의 의견을 강요하고, 본인보다 직급이나 나이가 어린 직원들을 무시하는 유형에 해당된다. 수평 조직을 지향하나 실제로는 매우 수직적인 회사들에 이런 젊은 꼰대들이 많이 있다. 이런 젊은 꼰대들이 만약 창업을 하지 않고 대기업에 들어갔다면 4050 세대의 꼰대들 때문에 스트레스를 받을 나이인데 스타트업 생태계에 들어오게 되면서 본인 스스로가 꼰대가 된 것이다.

두 그룹 간의 공통점이 하나 있는데 대부분의 꼰대들이 실무를 하지 않으려고 하고 계속 훈수, 충고, 지시만 하려고 한다는 것이다. 물론 큰 그림을 그리고 방향성을 제시하는 것이 가장 중요한 업무 중의 하나이긴 하지만 실무를 잘 모르는 상태에서 올바른 방향이나 전략이 나올지 염려된다. 운동장에서 함께 뛰면서 훈련하고 경기 전략을 짜는 감독과 하루 종일 벤치나 책상에서 팀을 운영하는 감독과는 리더십과 성과에 있어서 현저한 차이가 난다고 알고 있다.

2030이든 4050이든 독방에 혼자 앉아 하루 종일 문서와 메일만 본다고 해결되는 것은 많지 않다. 고객과 직원들의 소리에 귀를 기울이고, 현업과 실무를 챙기면서 끊임없이 자기 계발을 해야만 뒷방 노인네가 아니라 필드의 선수로서 회사의 성장에 기여할 수 있다. 과거의 성공담에 취해 있지 말고 언제나 초심과 겸손함을 유지하며 끊임없이 밥값을 해내야만 회사의 성장에 기여할 수 있다. 나이가 어리거나 낮은 직급의 직원들을 존중하고 본인의 의견을 강요하지 않아야만 그들로부터 왕따를 당하는 게 아니라 존중과 존경을 받을 수 있다. 사내 정치와 인맥 관리를 잘해 어느 정도까지는 유지할 수 있겠지만 실력이 없다면 결국 도태되고 말 것이다.

본인이 창업한 회사라고 본인이 모든 것을 결정하려는 제왕적 구조는 본인보다 뛰어난 직원들의 의견을 무시하게 되고 회사

◆ 꼰대 상사와의 이야기를 코믹하게 다룬 드라마 '꼰대인턴'.

의 성장을 방해하는 요인이 된다. 회의 시간에 자유롭게 의견을 내라고 해놓고 본인의 생각만을 강요해서는 직원들의 창의적인 생각을 반영할 수 없다. 30대에 스타트업 임원이 되었다고 해서 마치 대기업 임원이 된 것처럼 어깨에 힘이 잔뜩 들어가고 실무와 멀어지는 것은 결국 본인의 명줄을 짧게 만들 것이다. 있어 보이기 위해 수평 문화를 추구하는 것처럼 위장했으나 실제로 수직적인 구조의 애매한 문화는 차라리 수직적인 것을 표방하여 신속하게 의사결정하고 추진력 있게 나가는 것보다 못할 수 있다.

꼰대들은 본인이 꼰대인 줄 모르는 경우가 많다. 인터넷에 검색해 보면 꼰대 체크리스트가 많이 있으니 한번 테스트해 보기를 추천한다. 사람마다 차이는 있겠지만 꼰대질은 조금만 노력하면 고칠 수 있는 증상이라는 것이 필자의 견해이므로 만약 본인에게 꼰대 성향이 많다면 조기에 치료하길 바란다.

7. 언제나 남들이 불가능하다고 하는 걸 해내는 사람들이 있다.

얼마 전에 친하게 지내는 지인이 홀인원을 했다. 골프를 치지

✪ 50-55 클럽이라는 전인미답의 대기록을 세운 야구선수 오타니 쇼헤이는 고등학생 시절부터 꿈을 이루기 위한 만다라트 계획표를 세워 꾸준히 노력을 거듭했다.

않는 사람들도 홀인원이 얼마나 어려운 일인지는 잘 알고 있을 것이다. 단 한 번의 샷으로 150미터 내외의 멀리 있는 조그마한 홀컵에 골프공을 넣을 확률이 미국 프로골프(PGA) 투어는 3,000분의 1, 아마추어 골퍼는 1만 2,000분의 1로 알려져 있다. 운이 좋다고 치부할 수 있지만 홀인원을 하기까지 얼마나 많은 노력과 피와 땀이 있었을지 생각한다면 단순히 운만 좋았다고 쉽게 말하지 못할 것이다. 비단 홀인원뿐만 아니라 일반인들이 정말로 하기 어려운 걸 해내는 사람들이 있다. 미디어에 나올만한 각 분야의 최고 전문가들은 말할 것도 없고 우리 주변에도 끊임없는 노력으로 크든 작든 뭔가를 성취해 내는 사람들이 많이 있다.

아이디어 하나만으로 스타트업을 창업하여 성과를 내고 수십, 수백억 원의 투자를 받거나 상장시킨 사람들도 있고 흙수저로 태어나 온갖 고생을 하고 자수성가한 사람들도 있다. 사원으로 입사해 각고의 노력 끝에 임원이 된 사람들도 있고 그 어려운 걸 자꾸 해내는 태양의 후예 송중기도 있다. 그밖에도 서릿발 칼날진 작두 위에 서서 한걸음 한걸음 내딛는 모든 사람들을 보면 존경하지 않을 수 없다.

　운칠기삼(運七技三)이라는 말이 있다. 어떤 일을 함에 있어서 운이 7할이고 재주나 노력이 3할이라는 뜻인데 사람들은 일이 잘 되거나 잘못되었을 때 이런 말을 함으로써 자족하기도 하고 핑계를 대기도 하며 다른 사람들의 성취를 깎아내리기도 한다. 하지만 운칠기삼이라는 말의 유래를 살펴보면 인생에 있어 운의 중요성을 얘기하는 것이 아니라 그 반대라고 한다.

　중국 청나라 시대 포송령(蒲松齡)이 지은 기담 모음집 『요재지이(聊齋志異)』에 이와 관련된 내용이 나오는데 요약하면 이렇다. 한 선비가 자신보다 못한 사람들은 과거에 급제하는데, 자신은 늙도록 급제하지 못하자 옥황상제에게 그 이유를 물었다. 옥황상제는 정의의 신과 운명의 신에게 술 내기를 시키고, 만약 정의의 신이 술을 많이 마시면 선비가 옳은 것이고, 운명의 신이 많이 마시면 세상사가 그런 것이니 선비가 체념해야 한다는 다짐을 받았다. 내기 결과 정의의 신은 석 잔밖에 마시지 못하고, 운명의 신은 일곱 잔이나 마셨다. 이에 옥황상제는 "세상사는 정의에 따라 행해지는 것이 아니라 운명의 장난에 따라 행해지되, 3할의 이치도 행해지는 법이니 운수만이 모든 것을 지배하는 것은 아니다."라는 말로 선비를 꾸짖고 돌려보냈다고 한다. 옥황상제가 강조한 것은 7할의 운이 아니라 3할의 노력이었다.

나이가 들어가면서 사람의 '노오력'으로는 어찌할 수 없는 일이 많고 운이라는 것이 존재한다는 것을 점점 더 인정하게 된다. 세상만사 마음대로 되는 일이 별로 없다는 것을 알아가는 게 인생이라는 생각도 든다. 하지만 3할이든 7할이든 오랜 시간 끊임없는 '노오력'이 있어야 기회가 왔을 때 잡을 수 있고 운도 따라준다는 것 또한 알게 된다. 나를 포함하여 아직도 원하는 목표를 성취하지 못한 사람들은 운칠기삼이 아니라 운삼기칠로 생각하고 살아야 목표를 달성할 확률이 그나마 조금이라도 높아지지 않을까?

스타트업을 위한 만다라트

2024년엔 메이저리그 오타니 쇼헤이 선수(LA다저스 소속)가 54홈런 59도루를 달성하여 화제가 되었다. 120년이 넘은 메이저리그 역사에서 그 누구도 해내지 못한 전인미답의 기록을 세운 것이다. 만찢남(만화를 찢고 나온 남자)으로도 잘 알려진 오타니는 15세 때부터 '만다라트 차트(계획표)'를 만들어 자기관리를 해온 것으로 유명하다. 8구단 드래프트 1순위 지명이라는 목적을 달성하기 위해 핵심 목표 8개와 실천과제 64개를 세워 이걸 하루도 빠짐없이 실천하여 지금처럼 위대한 선수가 된 것이다. 참고로 '만다라트 기법'은 일본의 디자이너 이마이즈미 히로아키(今泉浩晃)가 개발한 발상기법으로 본질의 깨달음(Manda)+달성 및 성취(la)+기술(art)을 결합한 용어이다. 목표를 설정하고 달성하기 위한 세부 방법을 정리하는 유용한 방법으로 알려져 있다.

◐ 1987년 만다라트를 창안한 이마이즈미 히로아키.

몸관리	영양제 먹기	FSQ 90kg	인스텝 개선	몸통 강화	축 흔들지 않기	각도를 만든다	위에서부터 공을 던진다	손목 강화
유연성	몸 만들기	RSQ 130kg	릴리즈 포인트 안정	제구	불안정 없애기	힘 모으기	구위	하반신 주도
스테미너	가동역	식사 저녁 7숟갈, 아침 3숟갈	하체 강화	몸을 열지 않기	멘탈을 컨트롤	볼을 앞에서 릴리즈	회전수 증가	가동력
뚜렷한 목표·목적	일희일비 하지 않기	머리는 차갑게, 심장은 뜨겁게	몸 만들기	제구	구위	축을 돌리기	하체 강화	체중 증가
핀치에 강하게	멘탈	분위기에 휩쓸리지 않기	멘탈	8구단 드래프트 1순위	스피드 160km/h	몸통 강화	스피드 160km/h	어깨주변 강화
마음의 파도를 안 만들기	승리에 대한 집념	동료를 배려하는 마음	인간성	운	변화구	가동력	라이너 캐치볼	피칭 늘리기
감성	사랑받는 사람	계획성	인사하기	쓰레기 줍기	부실 청소	카운트볼 늘리기	포크볼 완성	슬라이더 구위
배려	인간성	감사	물건을 소중히 쓰자	운	심판을 대하는 태도	늦게 낙차가 있는 커브	변화구	좌타자 결정구
예의	신뢰받는 사람	지속력	긍정적 사고	응원받는 사람	책읽기	직구와 같은 폼으로 던지기	스트라이크 볼을 던질 때 제구	거리를 상상하기

만다라트 기법이 개인의 삶에도 많은 영향을 미칠 수 있지만 스타트업도 이러한 방식으로 목표를 설정하고 실행하면 좀 더 빨리 성장하고 성공할 수 있지 않을까 하는 생각에 여러분에게 도움이 될만한 스타트업 만다라트를 만들어 보았다. 물론 인생에 정답이 없는 것처럼 기업이 성공하는 방법에도 정답은 없기에 아래

내용은 어디까지나 예시일뿐이다. 각자가 하고 싶은 사업이나 목표에 따라 빈페이지에 다시 적어보면 도움이 될 것이다. 꼭 만다라트 방식으로 관리할 필요는 없지만 어떤 방식이든지 청소년기 때부터 목표를 설정하고 꾸준히 실행하는 것을 생활화한다면 각자의 분야에서 오타니와 같은 훌륭한 플레이어가 되지 않을까 바래본다.

⊙ 스타트업 성공을 위한 만다라트 예시

고객의 문제 정의	핵심 기술	차별화된 경쟁력	공동 창업자	경험	문제 해결	수익 모델	가격모델	비용구조
고객이 느끼는 가치	제품 서비스	기존의 솔루션	전문성	팀 빌딩	조직 문화	명확한 가치제안	비즈니스 모델	BM 고도화
사용자 경험(UX)	디자인	정부규제	상보적 관계	채용	급여 및 복지	지속 가능성	주요 파트너	스케일업 전략
주요 고객	시장규모	초기 고객 확보	제품 서비스	팀 빌딩	비즈니스 모델	문제정의	Mission Statement	사회양극화 문제
고객 세분화	고객 및 시장	고객 니즈 파악	고객 및 시장	스타트업 성공	사회적 가치	탄소제로	사회적 가치	임팩트 로직 모델
경쟁사 분석	포지셔닝	시장의 성장률	가설 검증	마케팅 영업	투자 유치	SDGs	ESG	정관 등 명문화
가설 수립	가설 검증 프로세스	린 스타트업	고객 획득비용(CAC)	고객 생애가치(LTV)	광고 효과(ROAS)	매출현황	비용현황	자금조달 계획
시장조사	가설 검증	고객 피드백	영업 프로세스	마케팅 영업	프로모션	BEP	투자유치	주주 커뮤니케이션
고객중심 설계	빠른 실행과 업데이트	피벗팅	그로스 해킹	매체 전략	CS 프로세스	정부지원 과제	IR Deck	EXIT 전략

◉ 나의 만다라트 차트

자, 이제 앞의 내용을 참고해 자신만의 만다라트 차트를 만들어 보자.

실천계획	실천계획	실천계획						
실천계획	세부 목표 1	실천계획		세부 목표 2			세부 목표 3	
실천계획	실천계획	실천계획						
			세부 목표 1	세부 목표 2	세부 목표 3			
	세부 목표 4		세부 목표 4	최종 목표	세부 목표 5		세부 목표 5	
			세부 목표 6	세부 목표 7	세부 목표 8			
	세부 목표 6			세부 목표 7			세부 목표 8	

유니콘이 되기 위한 계획표를 세우자

스타트업에 대한 관심이 그 어느 때보다 뜨거운 반면 부작용도 커지고 있습니다. 취업이 안되어 창업을 하는 사람도 있고 이력서에 넣을 창업 스펙을 쌓기 위해 스타트업을 하는 사람도 보았습니다. 하지만 이런 식의 무의미한 창업, 묻지 마 창업은 없어져야 합니다.

젊은 세대가 창업에 관심을 갖고 세상에 없던 새로운 제품이나 서비스를 만들어 낼수록 세상은 더욱 풍요로워지고 성숙한 사회로 나아갈 수 있지만, 준비 없는 창업으로 인해 본인은 물론이고 가족이나 직원들까지 경제적 고통을 겪게 될 수 있다는 점을 명심해야 합니다. 그렇기 때문에 창업의 꿈을 꾸고 있다면 가급적 이른 시점부터 철저하게 준비를 해야 합니다.

인생은 컨트롤이 가능한 영역과 컨트롤이 불가능한 영역으로 나눌 수 있습니다. 쉽게 말해 본인의 힘으로 바꿀 수 있는 것과 바꿀 수 없는 것이 존재한다는 것입니다. 타고난 집안의 환경이나 경제력, 본인의 외모나 키와 같은 요소들은 대부분 주어지는 것이지 내 마음대로 바꿀 수 없습니다. 반대로 성적, 직업, 성인 이후의 경제력은 노력 여하에 따라 개인마다 큰 차이를 보입니다. 삶의 통제권이 온전히 본인에게 있는 일에 투자를 하세요. 최대한 빨리 좋아하는 일과 잘하는 일의 교집합을 찾아 그 일에 몰입하고 올인하세요. 그것이 여러분들의 인생을 혁신적으로 바꿀 것입니다.

이 책을 통해 독자 여러분들에게 창업의 중요성과 위험성을 균형감 있게 전하고 성공적인 스타트업을 만들기 위해 알아야 할 것들에 대해 조언하고자 노력했는데 잘 전달되었으면 좋겠습니다. 아무쪼록 좀 더 많은 분들이 창업에 관심을 갖고 미리 준비하여 개인의 성공뿐만 아니라 국가 발전에 기여하는 사람들이 끊임없이 나오길 기원합니다. 또한 우리나라에서 좀 더 많은 유니콘이 탄생하고 더불어 데카콘까지 탄생하길 진심으로 바라면서 글을 마칩니다.

부록: 스타트업 용어 정리

● 스타트업 (Startup)

신생 창업기업을 뜻하는 말로 미국 실리콘밸리에서 처음 사용되었다. 고객의 문제를 해결하기 위해 혁신적인 아이디어와 기술로 창업하는 회사를 말한다. 극심한 불확실성 속에서 신규 제품이나 서비스를 만들기 위한 조직, 가설을 검증하기 위한 임시조직을 뜻하기도 한다. 보통 두세 명의 공동창업자들이 모여 혁신적인 기술과 아이디어로 창업을 하고 고객에게 가치를 주며 성과를 만들어 투자를 받고 성장해가는 회사를 말한다. 스타트업은 산업과 업종에 대한 제한은 없으나 일반적으로 기술 기반의 회사를 말한다.

● 유니콘 (Unicorn)

머리에 뿔이 있고 날개가 달린 상상 속의 동물로 비상장회사이면서 10억 달러(1조 2천억) 이상의 가치를 가진 스타트업을 말한다. 우리나라에는 쿠팡, 비바리퍼블리카(토스), 야놀자, 무신사 등이 있다.

● 마일스톤 (Milestone)

단기적 사업 계획 또는 실적 목표, 제품 개발이나 고객 확보, 우수 경영진 고용 등과 같은 중요한 사안을 타임라인으로 정리한 것이다. 시기별로 어떤 마일스톤을 세우느냐가 매우 중요하며 투자유치를 할 때도 마일스톤에 따른 적정 금액을 제시해야 한다.

● 린 스타트업 (Lean Startup)

린 스타트업은 아이디어를 빠르게 최소존속제품(MVP, Minimum Viable Product)으로 제조한 뒤, 시장의 반응을 보고 다음 제품에 반영하는 것을 반복해 성공 확률을 높이는 경영 방법론의 일종이다. 기능이 많은 제품이나 서비스를 완벽하게 만들기 위해 오랜 기간이 소요되면 시장 타이밍에 맞지 않거나 경쟁자가 시장을 선점할 수도 있기 때문에 최대한 빠른 시간 내에 제품을 출시하고 업데이트를 반복하면서 완성도를 높이는 것이 중요하다.

● **최소존속제품** (MVP, Minimum Viable Product)
최소한의 노력과 빠른 실행력, 개발 기간으로 최소한의 기능을 구현한 시제품. '만들기 -측정-학습 순환'을 구현하는 제품으로 목표는 근본적인 사업 가설을 테스트하는 것이다. 고객에게 피드백을 받기 위해 주로 사용된다.

● **앙트러프러너십** (Entrepreneurship)
보통은 기업가정신이란 의미로 사용된다. 기업의 본질인 이윤 추구와 사회적 책임의 수행을 위해 기업가가 마땅히 갖추어야 할 자세나 정신을 말한다.

● **데카콘** (Decacorn)
유니콘의 10배. 100억 달러(12조) 이상의 가치를 가진 스타트업으로 대표적으로 우버, 에어비앤비, 디디추싱, 샤오미, 스페이스X, DJI 등의 기업이 있다.

● **비즈니스 모델** (Business Model)
비즈니스 모델이란 사업의 핵심 운영요소와 이들 간의 관계를 논리적으로 설명한 것이다. 특히 아래의 질문에 구체적으로 대답할 수 있어야 한다.

- 제품이나 서비스가 고객에게 어떤 가치를 주는 것인가?
- 어떻게 고객에게 전달할 것인가?
- 제품이나 서비스를 제공하려면 내부적으로 어떤 준비가 필요한가?
- 어떻게 돈을 벌고, 어떤 비용이 드는가?

● **비즈니스모델 캔버스** (Business Model Canvas)
기업의 수익창출 원리와 전하고자 하는 가치를 9개의 항목으로 도식화시킨 모델을 말한다. 핵심 파트너, 핵심 활동, 핵심 자원, 가치 제안, 고객 관계, 채널, 고객 세분화, 비용, 수익을 회사의 아이템과 상황에 맞게 정리해 보는 것이 중요하다.

● 카피캣 (CopyCat)

잘나가는 제품을 모방해 만든 제품을 말한다. 모방은 창조의 어머니라고 했다. 비즈니스 세계에서 카피캣은 나쁜 의미가 아니며 해당 국가 또는 시장에 안착하도록 커스터마이징(Customizing)하는 것이 중요하다. 샤오미는 애플, 패스트파이브는 위워크, 쿠팡과 티몬도 미국 그루폰의 카피캣이라고 볼 수 있다.

● 데스밸리 (Death Valley)

창업 초기(3~5년) 기업이 매출 부진, 투자금액 고갈 등으로 성장 정체기에 들어서는 상황을 말한다. 거의 모든 스타트업들이 겪게 되는 단계이며, 이 시기를 어떻게 이겨내느냐에 따라서 기업의 생존 여부가 결정되기도 한다. 얼마나 힘들면 죽음의 계곡이라고 표현할지 생각해 볼 필요가 있다.

● 벤치마킹 (Bench Marking)

측정의 기준이 되는 대상을 설정하고 그 대상과 비교 분석을 통해 장점을 따라 하는 행위를 말한다. 다른 회사나 제품, 기술, 경영방식 등을 배워서 응용하는 경영 전략 기법이다. 스타트업에도 시장을 선도하는 다른 스타트업을 벤치마킹하여 전략을 짜는 것이 중요하다.

● 핵심성과 지표 (KPI, Key Performance Indicator)

기업이 추구하는 핵심 목표를 말하며, 성과를 측정하는 지표이다.

● 제이커브 (J Curve)

스타트업에서 제일 좋아하는 알파벳이 아마도 J일 것이다. 스타트업의 예상 현금 흐름과 성장곡선의 의미로 사용된다. 스타트업의 제이커브는 필요한 자금 투입 규모나 타이밍, 매출이 발생하기까지의 소요 시간, 영업 현금 흐름, 손익분기점(BEP)까지의 소요 시간, 그리고 궁극적으로 창출 가능한 최대 현금 흐름을 나타낸다.

● **피봇** (Pivot)

농구나 핸드볼에서 한 발을 축으로 하여 회전하는 것으로 이와 유사하게 사업의 근간은 유지하면서 사업 방향을 바꾸는 것을 의미한다. 초기에 내세운 아이템이 가능성이 없다는 판단이 들면 과감하게 피봇팅을 해야 한다. 제품, 전략, 성장 엔진에 대한 새롭고 근본적인 가설을 테스트하려고 경로를 구조적으로 수정하는 것이다.

● **데모데이** (Demoday)

인큐베이팅이나 액셀러레이팅을 받은 스타트업이 투자자 및 일반인들 앞에서 서비스와 비즈니스 모델을 발표하는 행사를 말한다. 보통 데모데이는 기업들이 서비스를 소개한 후 각각 작은 부스를 운영하여 네트워킹을 하는 형태로 진행한다. 비슷한 말로 피칭데이가 있다.

● **해커톤** (Hackathon)

해커와 마라톤의 합성어로 기획자, 개발자, 디자이너 등이 모여 제한된 시간 안에 아이디어를 도출하고 결과물을 만들어내는 일종의 대회이다.

● **엔젤 투자** (Angel Investment)

초기 단계 스타트업에게 상대적으로 적은 금액을 투자하며 조언자로 참여하는 투자자이다. 벤처캐피탈과 다른 점은 시장에서 성공 가능성을 입증하기 전인 극히 초기 단계에 투자한다는 것이다.

● **인큐베이션** (Incubation) / **액셀러레이션** (Acceleration)

인큐베이션 & 액셀러레이션 모두 스타트업을 지원하는 프로그램이라고 생각하면 된다. 다만 인큐베이션이 공간이나 설비, 업무 보조 등 하드웨어 중심의 지원이라면 액셀러레이션은 창업의 지식과 경험, 비즈니스 인사이트, 후속 투자 등 소프트웨어 중심의 지원이라는 점에서 차이가 있다.

● 벤처캐피탈 (Venture Capital)

기술력이나 잠재력은 있으나 아직 수익성이 확실치 않은 기업에 무담보 주식투자 형태로 투자하는 기업이나 그런 기업의 자본을 말한다. 일반 은행보다 공격적으로 투자하지만, 결국 투자 회수를 목표로 한다는 점은 같다. 우리나라는 크게 중소기업창업투자회사(창투사)와 신기술사업금융회사로 이원화되어 있다.

● 벤처캐피탈리스트 (Venture Capitalist)

일반적으로 투자 심사역이라고 한다. 스타트업에 대한 발굴, 심사, 투자 집행, 사후 관리 등을 전문적으로 하는 사람들이며 투자를 받기 위해서는 투자 심사역들과의 신뢰를 잘 쌓아야 한다.

● IR Deck & Pitch Deck

IR Deck은 투자자들에게 투자를 받기 위해 회사의 제품이나 서비스, 시장성, 성장성, 팀에 대해 소개하는 자료이고 Pitch Deck은 투자자들에게 3분에서 10분 내외로 발표하기 위해 만든 짧은 형태의 자료를 말한다.

● 기관 투자자 (Institutional Investor)

개인이 아닌 회사(법인) 형태의 투자 주체로 우리나라에서는 일반적으로 벤처캐피탈, 자산운용사, 증권사와 같은 금융기관 등을 의미한다.

● 투자 라운드 (Investment Round)

투자 받는 기업의 성단 단계를 말하는 것으로 시리즈(Series)로 표현한다. A, B, C, D 단계로 갈수록 투자금액이나 기업가치가 커지게 된다.

● 임팩트 투자

투자행위를 통해 수익을 추구하는 것뿐 아니라 사회나 환경에 긍정적인 영향을 미치는 사업이나 기업에 돈을 투자하는 행태를 말한다. 이전까지의 착한 투자는 사회적으로 '나쁜 기업'을 배제하고 '착한 기업'에 투자한다는 점에서 사회책임투자(SRI)와 유사하지만 임팩트 투자는 구체적인 수익률을 가지고 사회문제나 환경문제에 긍정적인 영향력을 발휘할 수 있는 사업이나 기업을 적극적으로 찾아나서며 장기적으로 투자한다는 점이 다르다.

● 재무적 투자자

재무적 투자자(Financial Investor)란 기업이나 사업에 자금이 필요할 경우 기업의 경영이나 사업의 운영에는 참여하지 않고, 수익만을 목적으로 투자자금을 조달해 주는 투자자를 말한다. 재무적 투자자에는 은행이나, 기관투자자(증권, 보험, 자산운용 등), 국민연금 같은 공적 기관들이 포함된다. 사업권의 획득을 목적으로 하지 않고, 투자자금에 대한 배당과 원리금 수익을 목적으로 투자하기 때문에 해외 민자 시장에서는 '순수투자자(Pure Investor)'라고 불리기도 한다.

● 전략적 투자자

기업의 M&A(기업인수합병) 또는 대형 개발·건설사업으로 대규모의 자금이 필요할 때 경영권 확보(경영참여)를 목적으로 자금을 지원하는 투자자를 전략적 투자자(Strategic Investors)라고 한다. 영문 머리 글자를 따서 'SI'라고도 부른다. 보통 인수하는 기업과 업종이 같거나 시너지(상승효과)를 낼 수 있는 기업이 전략적 투자자가 된다.

● 시드 머니 (Seed Money)

시드머니를 투자하는 엔젤투자자는 비즈니스의 잠재성과 수익성을 아예 고려하지 않는 것은 아니지만 창업자의 기업가 정신과 자세를 높이 평가하고 그들의 아이디어를 일정 수준만큼 발전시키는 것을 돕는 데에 의미를 둔다. 금액은 국내 기준으로 초기 개발비 정도인 2, 3천만 원 내외가 일반적이다. 이 단계를 시드 라운드 (Seed Round)라고 표현한다.

● 시리즈 A (Series A)

프로토타입 개발부터 본격적인 시장 공략 직전까지의 기간에 받는 투자를 말한다. 어느 정도의 초기 시장 검증을 마치고 베타 오픈 시점에서 정식 오픈 단계 전에 받는 것이다. 시리즈 A에 받은 투자금은 보통 제품 개발과 마케팅, 고객 피드백 모니터링 비용으로 쓰인다. 시리즈 A 투자자는 추후 시리즈 B 투자나 IPO로 투자금을 회수하길 원한다.

● 시리즈 B (Series B)

고객이 일정 정도의 규모가 되어 대대적인 인력 확보나 적극적인 마케팅, 신규 비즈니스 기회 개발 등 비즈니스 확장이 필요할 때를 위한 투자이다. 즉, 어느 정도 시장에서 인정받거나 고정적인 수익이 있어 서비스가 안정화 단계일 때 진행된다.

● 시리즈 C (Series C)

비즈니스모델과 사업성, 성장성 등을 모두 인정받은 단계이다. 다른 회사와의 시너지를 내기 위해 M&A를 하거나 IPO(상장) 직전의 투자유치 단계이다. 다음 단계로는 시리즈 D나 E로 갈 수도 있고 주식시장 상장이 될 수도 있다.

● 인수합병 (M&A)

인수는 한 기업이 다른 기업의 주식이나 자산을 취득하면서 경영권을 획득하는 것이고, 합병은 두 개 이상의 기업들이 법적 또는 사실적으로 하나의 기업이 되는 것을 말한다.

일반적으로 M&A는 기존의 내적성장한계 극복, 신규 사업 참여에 소요되는 시간과 비용의 절감, 경영상의 노하우 습득, 숙련된 전문인력 및 기업의 대외적 신용 확보, 경쟁사 인수를 통한 시장점유율 확대 등 여러 이유에서 진행된다.

● **투자회수 (Exit)**

투자자가 투자금을 회수하는 것을 말한다. 우리가 보통 알고 있는 매각(M&A)이나 기업공개(IPO)의 단계가 있다.

● **밸류에이션 (Valuation)**

기업이 가지고 있는 가치를 말한다. 사실 매출이 없는 스타트업의 정확한 가치평가는 어렵다. 그렇기 때문에 향후에 얼마만큼의 성장 가능성이 있는지를 현재 시점의 현금가치로 환산한다. 여러 지표를 통해 가치를 환산하는데 비슷한 BM의 다른 기업을 참고하기도 한다.

● **기업공개 (IPO)**

기업의 주식을 증권거래소에 상장해 회사 재산상태와 영업활동 등 주요 사항을 대중에게 공시하는 절차를 말한다. 기업공개의 방법은 이미 발행한 구주를 공개하는 경우와 신주를 모집하는 두 가지 방법이 있다. 전자는 자본금이 증가하지 않는데 후자는 자본금이 증가한다.

● **보통주**

보통주는 우선주와 달리 상법상 배당과 잔여 재산 분배에 있어 우선권을 가질 수 없다. 따라서 스타트업에게 유리한 주식이며 일부 초기 투자자나 펀드의 속성상 의무적으로 보통주로 투자해야 하는 투자자를 제외하고는 많이 이용되지 않는다.

● **전환우선주**

우선주에 전환권을 추가하여 투자자가 청구 시 보통주로 전환할 수 있게 한 주식이다. 보통 전환권에 투자자가 투자한 주식의 가격을 하회하는 신규 주식이나 주식 연계 채권 발행 시, 전환 조건을 해당 가격과 동일하게 재조정(Down Round Refixing)하는 조항을 명시한다. 조건은 일반적으로 우선주가 발행될 때 미리 정해진다. 주로 초기 투자자나 일부 해외 투자자가 이용한다.

● 우선주

기본적으로 상법상 이익 배당이나 잔여 재산 분배에 있어서 보통주에 우선하는 권리를 가질 수 있으며, 주주 총회에서는 의결권 행사가 제한된다. 투자자가 단순한 우선주로 투자하는 경우는 거의 없고, 일반적으로 다른 옵션을 추가한 전환우선주나 상환전환우선주 형태로 대부분 투자하며 의결권을 갖는 조건도 추가하게 된다.